한끝

진도책

초등사회

3·1

구성과 특징

진도책

하루 6쪽, 부담 없이 개념을 학습해요.

① 배울 내용 미리 보기

- 오늘 배울 개념을 미리 확인할 수 있어요.
- 오늘 배울 용어의 뜻과 예를 그림과 함께 익힐 수 있어요.

② 시각 자료로 개념 이해하기

- 8종 초등사회 교과서의 내용을 꼼꼼히 분석하여 내용을 구성하였어요.
- 사진과 그림 등 풍부한 시각 자료를 제시하여 교과서 개념을 눈으로 이해할 수 있도록 하였어요.

③ 한눈에 개념 정리하기

시각 자료로 익힌 교과서 개념을 한눈에 파악할 수 있도록 콕 집어 정리하였어요.

QR 코드를 찍으면 오늘 배운 내용을 생각그물 영상으로 정리해 볼 수 있어요.

초성 퀴즈로 핵심 개념을 한 번 더 확인할 수 있어요!

2022 개정 교육과정

초등
사회
3·1

한끝

사회 공부!
한 권으로 끝!

새 교과서 반영

• 시각 자료로 쉽게 이해하는 교과서 개념!
• 진도책과 **실전책**으로 개념 정리와 시험 대비 모두 잡기!
• 하루 6쪽, 20일 사회 공부 완성!

QR 코드를 찍으면
다양한 한끝 자료가 한눈에!

visang

개발 서지혜 윤수현 이수현
디자인 안홍진

발행일 2024년 11월 1일
펴낸날 2024년 11월 1일
제조국 대한민국
펴낸곳 (주)비상교육
펴낸이 양태회
신고번호 제2002-000048호
출판사업총괄 최대찬
개발총괄 허보욱
개발책임 임정순
디자인총괄 김재훈
디자인책임 최윤석
영업책임 이지웅
품질책임 석진안
마케팅책임 이은진
대표전화 1544-0554
주소 경기도 과천시 과천대로2길 54(갈현동, 그라운드브이)

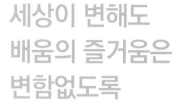

세상이 변해도
배움의 즐거움은
변함없도록

시대는 빠르게 변해도
배움의 즐거움은
변함없어야 하기에

어제의 비상은
남다른 교재부터
결이 다른 콘텐츠
전에 없던 교육 플랫폼까지

변함없는 혁신으로
교육 문화 환경의 새로운 전형을
실현해왔습니다.

비상은 오늘, 다시 한번
새로운 교육 문화 환경을 실현하기 위한
또 하나의 혁신을 시작합니다.

오늘의 내가 어제의 나를 초월하고
오늘의 교육이 어제의 교육을 초월하여
배움의 즐거움을 지속하는 혁신,

바로, 메타인지 기반 완전 학습을.

상상을 실현하는 교육 문화 기업 비상

메타인지 기반 완전 학습
초월을 뜻하는 meta와 생각을 뜻하는 인지가 결합한 메타인지는
자신이 알고 모르는 것을 스스로 구분하고 학습계획을 세우도록 하는
궁극의 학습 능력입니다. 비상의 메타인지 기반 완전 학습 시스템은
잠들어 있는 메타인지를 깨워 공부를 100% 내 것으로 만들도록 합니다.

한끝 초등사회 용어 카드

사회 3학년 1학기에 나오는 주요 용어들을 모아 두었어요.
배운 용어를 떠올리며 카드를 활용해 보세요.

장소

경험

동시

소개

여가

박물관

검색

디지털 영상지도

확대

답사

사회 관계망 서비스(SNS)

시간

카드 활용 방법 ②

❶ 카드를 모은 뒤 뒷면이 보이도록 쌓아요.
❷ 카드 뒷면에 적힌 뜻을 보고 해당하는 용어를 말해요.
❸ 카드 앞면을 확인하여 정답이 맞으면 그 카드를 가져와요.

모르는 사실이나
내용을 잘 알도록
설명하는 것

21쪽

어린이의 감정과
느낌을 표현한 시

15쪽

실제로 해 보거나
겪어 보는 것

9쪽

어떤 일이
이루어지거나
일어나는 곳

9쪽

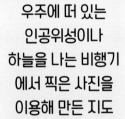
우주에 떠 있는
인공위성이나
하늘을 나는 비행기
에서 찍은 사진을
이용해 만든 지도

39쪽

책이나 컴퓨터에서
목적에 따라
필요한 자료들을
찾아내는 일

39쪽

오래된 여러 가지
역사적 사물이나
자료를 모아 보관
하고 진열해
놓은 곳

33쪽

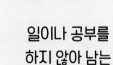
일이나 공부를
하지 않아 남는
시간

33쪽

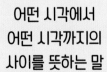
어떤 시각에서
어떤 시각까지의
사이를 뜻하는 말

67쪽

사람들이 온라인상
에서 자기 생각이나
정보를 나눌 수
있도록 연결해 주는
서비스

51쪽

실제로 장소에
가서 조사하는 것

51쪽

모양이나 규모 등을
더 크게 함.

45쪽

카드 활용 방법 ①

❶ 카드 위쪽 동그라미 모양에 따라 구멍을 뚫어요.
❷ 카드링이나 실로 카드를 묶어요.
❸ 카드를 넘기며 용어를 확인하고 그 뜻을 익혀요.

어떤 사실을
밝히려는 말

91쪽

소중하게 간직하는
물건

91쪽

하루 동안의
생활을 계획하여 그
내용을 정리한 표

73쪽

묶으려는 단위의
첫 해부터 다음
단위로 넘어가기
전까지의 기간

67쪽

마음에 새겨 두고
조심함.

103쪽

고유한 민속을 간직
하고 있는 마을

103쪽

중요한 사건이나
정보를 정기적으로
알려 주는 소식지

97쪽

매일 겪은 일이나
생각, 느낌 등을
적는 개인의 기록

97쪽

일정한 환경에서
활동하며 살아가는
모습

127쪽

물체를 베껴서
진짜처럼 보이게 한
형상

127쪽

옛날에 있었던
일이라고 전해지
거나, 꾸며서
지어낸 이야기

115쪽

어떤 기준에 따라
나누어 놓은 땅

115쪽

장소

어떤 일이 이루어지거나 일어나는 곳

9쪽

앞면   뒷면

카드 앞면에는 주요 용어와 그림, 뒷면에는 용어의 뜻이 있어요!

년대

생활 계획표

애장품

증언

옛날에는 곡식을 갈 때 맷돌로 갈았어.

일기

신문

민속촌

주의

주의해서 둘러보렴.

사진을 찍어도 되나요?

지역

옛이야기

우리 지역에 전해 내려오는 옛 이야기를 알려 주세요.

우리 지역에는 특별한 옛이야 기가 전해 내려 오고 있어요.

사진

생활 모습

진도책으로 교과서 개념을 학습한 뒤,
실전책으로 학교 시험 대비까지 **한** 권으로 **끝**!

4 문제로 확인하기

간단한 문제를 풀어 보며 개념을 잘 이해하고
있는지 바로 확인할 수 있어요.

빈칸을 채우면서 오늘
공부한 핵심 내용을
확인해 봐요!

5 단원 마무리하기

- 단원 정리: 빈칸을 채우면서 학습한 개념을
  정리할 수 있어요.
- 단원 평가: 단원별로 구성된 다양한 유형의
  문제를 풀며 그동안 공부한 내용을 점검할
  수 있어요.

실전책

다양한 유형의 문제를
풀며 실전에 대비해요.

주제 평가 대비

- 쪽지 시험
- 주제 평가

단원 평가 대비

- 단원 평가
- 서술형 평가
- 수행 평가

일차	쪽수	비상교육	아이스크림 미디어	천재교과서 (김)	천재교과서 (박)	미래엔	지학사	동아출판	와이비엠
1일차	9~14	10~13	13~22	12~19	13~20	14~20	10~19	12~15	12~15
2일차	15~20	14~19	23~26	20~23	24~27	21~24	21~26	16~19, 22~27	16~21
3일차	21~26	20~22	28~30	24~25	28~29	25~27	27~30	20~21	16~21
4일차	27~32	23~29	28~30	26~27	21~23, 28~29	28~29	27~30	28~32	22~24
5일차	33~38	34~37	37~41	32~41	33~35	34~35	32~33	36~39	32~35
6일차	39~44	38~39	43~45	32~41	36~37	36~37	34~35	40~43	36~41
7일차	45~50	40~43	46~47	42~43	38~43	38~39	36~37	40~43	36~41
8일차	51~56	45~49	48~50	44~47	44~49	40~44	39~45	44~49	36~41
9일차	57~62	50~53	51~58	48~50	50~55	45~49	46~52	50~54	42~46
10일차	67~72	64~66	73	62~67	67~68	64~68	62~65	68~69	63~65

한끝의 각 일차가 내 교과서의
몇 쪽에 해당하는지 확인할 수 있어요!
만약 비상교육 10~13쪽이면
한끝 9~14쪽을 공부하면 돼요!

일차	쪽수	비상교육	아이스크림 미디어	천재교과서 (김)	천재교과서 (박)	미래엔	지학사	동아출판	와이비엠
11 일차	73~78	68~71	74	68~71	69~71	69~71	69~73	66~67	63~65
12 일차	79~84	76~80	75~83	72~75	72~75	74~77	76~80	72~75	66~75
13 일차	85~90	81~83	84~91	76~80	76~86	78~82	71~75	76~80	76~77
14 일차	91~96	88~89	97~98	86~87	89~96	86~89	84~87	84~87	84~90
15 일차	97~102	90~92	99~100	88~101	97~103	90~104	88~91	88~95	96~103
16 일차	103~108	93~99	111~114	102~103	104~107	90~104	92~101	100~102	96~103
17 일차	109~114	100~104	102~110	104~107	110~112	90~104	102~104	96~99	92~95
18 일차	115~120	107~110	119~127	112~119	115~128	108~110	108~110	106~107	110~115
19 일차	121~126	112~116	128~131	120~125	129~134	122~123	111~120	108~109	116~124, 126~129
20 일차	127~132	117~126	133~135	126~129	135~136	111~121	121~128	120~124	118

한끝 차례 +공부 계획표

공부 계획을 세우고 실천하며 스스로 공부하는 습관을 길러 보세요.

2. 일상에서 만나는 과거

✎ 공부한날

일차 1

우리 주변의 장소 살펴보기

 오늘 배울 개념 미리 보기

1 장소의 의미와 종류

2 장소에서의 경험과 느낌 떠올리기

 오늘 배울 용어 알아보기

장소	경험
(場 마당 **장**, 所 바 **소**)	(經 날 **경**, 驗 시험 **험**)

🔹 뜻 어떤 일이 이루어지거나 일어나는 곳

🔹 예 친구에게 전화하여 만날 **장소**를 정하였습니다.

🔹 뜻 실제로 해 보거나 겪어 보는 것

🔹 예 수영장에 가서 수영을 배운 **경험**이 있습니다.

1 장소의 의미와 종류

장소의 의미

장소는 우리가 생활하는 곳을 말해.

장소는 사람들이 주로 이용하거나 우리가 사는 곳을 이루고 있는 부분이야.

우리 주변에는 여러 장소가 있어.

장소에는 산, 강, 도서관, 학교 등이 있어.

장소의 종류

우리가 사는 곳의 여러 장소를 찾아보며 우리가 사는 곳에 다양한 장소가 있다는 것을 알아보자!

산

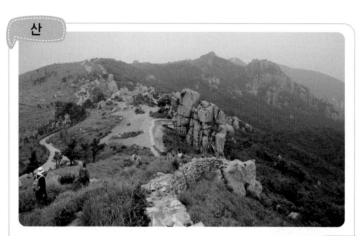

나무가 우거져 있는 곳입니다.

산과 강, 공원은 가족과 자주 가는 장소야.

강

물이 흐르는 곳입니다.

공원

가족과 산책하러 가는 곳입니다.

시장

물건을 사고파는 곳입니다.

문구점

시장과 문구점은 필요한 물건을 사러 가는 장소야.

학용품을 살 수 있는 곳입니다.

놀이터

친구들과 즐겁게 놀 수 있는 곳입니다.

도서관

놀이터와 도서관은 친구들과 자주 가는 장소야.

책을 읽거나 빌려 볼 수 있는 곳입니다.

학교

친구들과 함께 공부하는 곳입니다.

병원

몸이 아플 때 치료 받는 곳입니다.

핵심 콕!
- 장소는 우리가 생활하는 곳으로, **사람들이 주로 이용하거나 우리가 사는 곳을 이루고 있는 부분**입니다.
- 우리 주변에는 **산, 강, 공원, 시장, 문구점, 놀이터, 도서관, 학교, 병원** 등의 장소가 있습니다.

2 장소에서의 경험과 느낌 떠올리기

장소에서의 경험과 느낌 이야기하기

 우리는 여러 장소에서 다양한 경험을 하며 살아가.

사람들은 같은 장소에서 비슷한 경험을 하거나 다른 경험을 하기도 해.

치료 받은 덕분에 아픈 곳이 금방 나아서 고마운 곳이야.

예방 주사를 맞았을 때 아팠던 기억이 있어서 또 가고 싶지 않은 곳이야.

병원에서의 경험과 느낌

수영장 물에 빠진 경험이 있어서 무서워하는 곳이야.

친구들과 수영하는 것을 좋아해서 가장 좋아하는 곳이야.

수영장에서의 경험과 느낌

장소 카드 만들기

병원

병원은 치료 받은 덕분에 아픈 곳이 금방 나아서 고마운 장소라고 생각해.

수영장

수영장은 내가 가장 좋아하는 장소야. 친구들과 수영하는 것을 좋아하기 때문이지.

 장소 카드에는 장소에서 경험한 일과 그때의 생각이나 느낌을 써.

장소 카드를 만들어 친구들과 이야기를 해 보면 장소에 관한 친구들의 다양한 생각을 알 수 있습니다.

 핵심 콕!
- 우리는 **여러 장소에서 다양한 경험**을 합니다.
- 같은 장소라도 그 **장소에서의 경험이 다르기** 때문에 장소에 대한 생각과 느낌은 사람마다 다를 수 있습니다.

1 장소의 의미와 종류

(1) **장소의 의미**: 사람들이 주로 이용하거나 우리가 사는 곳을 이루고 있는 부분입니다.

(2) **장소의 종류**

산	나무가 우거져 아름다운 경치를 볼 수 있는 곳입니다.
강	물이 흐르는 곳입니다.
공원	가족과 산책하러 가거나 자전거를 탈 수 있는 곳입니다.
시장	물건을 사고팔거나 맛있는 음식을 먹을 수 있는 곳입니다.
문구점	학용품을 살 수 있는 곳입니다.
놀이터	친구들과 즐겁게 놀 수 있는 곳입니다.
도서관	책을 읽거나 빌려 볼 수 있는 곳입니다.
학교	친구들과 함께 공부하고 운동장에서 재미있게 놀 수 있는 곳입니다.
병원	예방 주사를 맞거나 몸이 아플 때 치료 받는 곳입니다.

2 장소에서의 경험과 느낌 떠올리기

(1) **여러 장소에서 겪었던 경험과 느낌 이야기하기** 예

병원	• 치료 받은 덕분에 아픈 곳이 금방 나아서 고마운 곳입니다. • 예방 주사를 맞을 때 아팠던 기억이 있어서 또 가고 싶지 않은 곳입니다.
수영장	• 수영장 물에 빠진 경험이 있어서 무서워하는 곳입니다. • 친구들과 수영하는 것을 좋아해서 가장 좋아하는 곳입니다.

(2) **같은 장소라도 사람에 따라 생각이나 느낌이 다른 까닭**: 같은 장소에서도 나와 친구의 경험이 다를 수 있기 때문입니다.

(3) **장소 카드 만들기**: 장소 카드에 장소에서의 경험과 느낌을 쓰고 친구들과 이야기 나누면서 장소에 대한 친구들의 다양한 생각을 알아볼 수 있습니다.

초성퀴즈 다음 초성을 보고, 핵심 단어를 위에서 찾아 써 봅시다.

정답과 해설 • 2쪽

❶ 사람들이 주로 이용하거나 우리가 사는 곳을 이루고 있는 부분을 ［ㅈ］［ㅅ］라고 합니다.

❷ 장소에는 책을 읽을 수 있는 ［ㄷ］［ㅅ］［ㄱ］, 물건을 사고파는 시장, 물이 흐르는 강 등이 있습니다.

❸ 같은 장소라도 사람마다 그 장소에서의 ［ㄱ］［ㅎ］이 다릅니다.

1 다음 ( ) 안에 들어갈 알맞은 말을 쓰시오.

> ( )은/는 우리가 생활하는 곳으로 산, 학교, 병원, 도서관, 놀이터, 공원 등이 있습니다.

( )

2 다음 장소 중 물건을 사고팔거나 음식을 먹을 수 있는 곳은 어디입니까? ( )

↑ 학교

↑ 시장

↑ 공원

↑ 놀이터

3 병원에서의 경험과 느낌으로 알맞은 것을 두 가지 고르시오. (,)

① 예방 주사를 맞을 때 아팠다.
② 친구들과 공부하고 즐겁게 놀았다.
③ 감기에 걸려서 의사 선생님께 치료를 받았다.
④ 재미있는 책을 마음껏 읽을 수 있어서 좋았다.
⑤ 가족과 산책을 하고 와서 기분이 상쾌하고 좋았다.

4 다음 보기 에서 나무가 우거져서 아름다운 경치를 볼 수 있는 장소를 골라 기호를 쓰시오.

> ┌ 보기 ┐
> ㉠ 산   ㉡ 강   ㉢ 놀이터   ㉣ 도서관

( )

 1 일차 핵심

❶ 산, 강, 공원 등과 같이 사람들이 생활하는 곳을 장소 , 경험 (이)라고 합니다.

❷ 같은 장소라도 사람마다 경험이 다르기 때문에 장소에 대한 생각과 느낌이 다릅니다. O , X

장소에서의 경험과 느낌 표현하기

오늘 배울 개념 미리 보기

| **1** 우리 주변의 여러 장소 떠올리기 | **2** 그림으로 표현하기 | **3** 동시로 표현하기 | **4** 그림지도 (심상지도)로 표현하기 |

오늘 배울 용어 알아보기

동시
(童 아이 **동**, 詩 시 **시**)

내가 좋아하는 장소들

내가 좋아하는 수영장
친구들과 물놀이를 하니
시원하고 즐거워

내가 좋아하는 문구점
학교 준비물이 여기에 다 있네
물건을 구경하는 재미가 있어

내가 좋아하는 분식집
달고 매운 떡볶이랑
바삭바삭 튀김 정말 맛있어

🔵뜻 어린이의 감정과 느낌을 표현한 시

🔵예 내가 좋아하는 수영장, 문구점, 분식집을 **동시**로 표현할 수 있습니다.

상상
(想 생각 **상**, 像 모양 **상**)

그림지도로 장소를 표현할 때는 상상해서 그리면 안 되는구나!

🔵뜻 실제로 경험하지 않은 현상이나 사물에 대하여 마음속으로 그려 봄.

🔵예 그림지도를 그릴 때 **상상** 속의 장소가 아닌 우리 주변에 실제로 있는 장소를 그려야 합니다.

1 우리 주변의 여러 장소 떠올리기

우리 주변의 여러 장소를 떠올려 보고 기준에 따라 분류해 보자.

종류에 따라 가름.

집에서 가까운 장소
학교, 병원, 학원

내가 좋아하는 장소
문구점, 시장

우리가 사는 곳의 여러 장소를 기준에 따라 분류하기 예)

자주 이용하는 장소
놀이터, 분식집

친구들에게 소개하고 싶은 장소
공원, 도서관

우리 주변의 여러 장소는 다양한 기준으로 분류할 수 있어.

핵심 콕!
- 우리가 사는 곳의 여러 장소를 **다양한 기준으로 분류**할 수 있습니다.
- 우리가 사는 곳에서 좋아하는 장소나 자주 이용하는 장소 등은 사람마다 다릅니다.

2 그림으로 표현하기

예나의 그림

내가 좋아하는 놀이터에서 즐겁게 놀았던 경험을 표현했어.

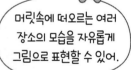

머릿속에 떠오르는 여러 장소의 모습을 자유롭게 그림으로 표현할 수 있어.

둘 다 놀이터를 그림으로 표현했지만 놀이터에서의 경험과 느낌이 다르네.

준호의 그림

놀이터에서 넘어져서 울었던 기억을 표현했어.

핵심 콕!
- 장소에서의 경험과 느낌을 그림으로 표현할 수 있습니다.
- 같은 장소라도 다른 경험이나 느낌을 가질 수 있습니다.

3 동시로 표현하기

① 동시의 주제를 정한 후 주제에 알맞은 장소를 선택합니다.

동시로 내가 좋아하는 장소들을 표현할 거야. 내가 좋아하는 장소에는 수영장, 문구점, 분식집이 있어.

동시의 주제는 내가 좋아하는 장소나 친구에게 소개하고 싶은 장소 등으로 정할 수 있어.

② 선택한 장소에서의 경험과 느낌을 생각하며 머릿속에 떠오르는 낱말을 적습니다.

수영장	문구점	분식집
물놀이	학교	떡볶이
친구들	준비물	맵다 달다
시원해	구경	튀김
즐거워	재미있어	바삭바삭
		맛있어

③ 머릿속에 떠오른 낱말을 이용하여 동시를 씁니다.

내가 좋아하는 장소들

내가 좋아하는 수영장
친구들과 물놀이를 하니
시원하고 즐거워

내가 좋아하는 문구점
학교 준비물이 여기에 다 있네
물건을 구경하는 재미가 있어

내가 좋아하는 분식집
달고 매운 떡볶이랑
바삭바삭 튀김 정말 맛있어

여러 장소로 동시를 쓸 수 있고,
한 장소로도 동시를 쓸 수 있어.

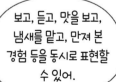

보고, 듣고, 맛을 보고,
냄새를 맡고, 만져 본
경험 등을 동시로 표현할
수 있어.

**핵심
콕!**

• 여러 장소에 대한 경험과 느낌을 동시로 표현할 수 있습니다.

• 동시의 **주제를 정한 후 주제에 알맞은 장소를 선택**하고, 장소를 생각하며 머릿속에 떠오른 낱말을 이용하여 동시를 쓸 수 있습니다.

4 그림지도(심상지도)로 표현하기

사람의 머릿속에 있는 장소의 정보나 생각을 그림으로 표현한 지도

그리고 싶은 장소를 떠올린 뒤 장소를 그리고 장소의 이름을 적어 보자.

장소의 위치, 크기, 모양 등으로 장소에서의 경험과 느낌을 나타낼 수 있어.

우리 집 주변의 장소들을 그렸어.

가족과 자주 가고, 내가 좋아하는 장소를 그렸어.

학교에서 집까지 가는 길을 중심으로 그렸어.

편의점을 중심으로 내가 좋아하는 장소들을 그렸어.

장소에서의 경험과 느낌을 표현할 때 주의할 점
1. 상상 속의 장소가 아닌 우리 주변에 실제로 있는 장소를 그려야 합니다.
2. 장소에서 보고 느낀 모든 것을 다 표현하지 않아도 됩니다.
3. 장소를 표현할 때 나의 느낌을 잘 드러낼 수 있는 색으로 칠합니다.

핵심 콕!
• 장소에서의 경험과 느낌을 그림지도(심상지도)로 표현할 수 있습니다.
• 그림지도를 그릴 때는 **장소의 위치, 크기, 모양 등으로 장소에서의 경험과 느낌을 나타냅니다.**

1 우리 주변의 여러 장소 떠올리기

우리가 사는 곳의 여러 장소를 기준에 따라 분류하기	집에서 가까운 장소, 내가 좋아하는 장소, 자주 이용하는 장소, 친구들에게 소개하고 싶은 장소 등으로 분류할 수 있습니다.
우리 주변의 여러 장소를 표현하는 방법	머릿속에 떠올린 장소를 그림, 동시, 그림지도(심상지도), 책, 신문 등 다양한 방법으로 표현합니다.

↳ 문자와 사진 등으로 다양한 정보를 빠르고 정확하게 전달해 주는 매체

2 그림으로 표현하기

(1) 여러 장소에 대한 경험과 느낌을 그림으로 표현할 수 있습니다.

(2) **그림으로 표현하는 방법**: 머릿속에 떠오르는 장소의 모습을 자유롭게 그림으로 표현할 수 있습니다.

3 동시로 표현하기

(1) 여러 장소에 대한 경험과 느낌을 동시로 표현할 수 있습니다.

(2) **동시로 표현하는 과정**
  ① 동시의 주제를 정한 후 주제에 알맞은 장소를 선택합니다.
  ② 장소에서의 경험과 느낌을 생각하며 떠오르는 낱말을 적습니다.
  ③ 떠올린 낱말을 이용하여 동시를 씁니다.

4 그림지도(심상지도)로 표현하기

(1) 여러 장소에 대한 경험과 느낌을 그림지도로 표현할 수 있습니다.

(2) **그림지도로 표현하는 방법**
  ① 그리고 싶은 장소를 떠올린 뒤 장소를 그리고 장소의 이름을 적습니다.
  ② 장소의 위치, 크기, 모양 등으로 장소에서의 경험과 느낌을 나타냅니다.

(3) **장소에서의 경험과 느낌을 표현할 때 주의할 점**: 상상 속의 장소가 아닌 실제로 있는 장소를 표현해야 합니다.

초성 퀴즈 다음 초성을 보고, 핵심 단어를 위에서 찾아 써 봅시다.

📖 정답과 해설 • 2쪽

❶ 여러 장소에서의 경험과 느낌을 [ㄷ][ㅇ]한 방법으로 표현할 수 있습니다.

❷ 동시로 장소를 표현할 때 가장 먼저 동시의 [ㅈ][ㅈ]를 정합니다.

❸ 장소를 표현할 때는 [ㅅ][ㅅ] 속의 장소가 아닌 우리 주변에 실제로 있는 장소를 표현해야 합니다.

1 다음 (   ) 안에 공통으로 들어갈 알맞은 말을 쓰시오.

> 우리는 여러 장소에서 다양한 (   )을/를 하고, 같은 장소라도 그 장소에서의 (   )과/와 느낌은 사람마다 다를 수 있습니다.

(   )

2 다음 보기 에서 동시로 장소를 표현할 때 가장 먼저 할 일을 골라 기호를 쓰시오.

> ┌─ 보기 ─────────────────────────────
> ㉠ 떠올린 낱말을 이용하여 동시를 씁니다.
> ㉡ 동시의 주제를 정하고 주제에 어울리는 장소를 고릅니다.
> ㉢ 장소에서의 경험과 느낌을 생각하며 떠오르는 낱말을 적습니다.

(   )

3 다음과 같이 장소를 표현한 방법으로 알맞은 것은 어느 것입니까? (   )

① 책
② 사진
③ 동시
④ 신문
⑤ 그림지도

4 장소에서의 경험과 느낌을 표현할 때 주의할 점으로 알맞은 것을 두 가지 고르시오.

(,   )

① 상상 속의 장소를 그린다.
② 우리 주변에 실제로 있는 장소를 그린다.
③ 나의 느낌을 잘 드러낼 수 있는 색으로 칠한다.
④ 장소를 표현할 때 친구가 생각하는 색으로 칠해야 한다.
⑤ 장소에서 보고 느낀 모든 것을 반드시 그림에 다 표현해야 한다.

2 일차 핵심

❶ 같은 장소라도 그 장소에서의 경험과 느낌은 사람마다 (**다릅니다** , 같습니다).

❷ 장소에서의 경험과 느낌을 표현할 때 상상 속의 장소가 아닌 우리 주변에 실제로 있는 장소를 표현해야 합니다. (O , X)

일차

3

✎ 공부한 날
월 일

3
일차

장소에서의 경험과 느낌 소개하기

오늘 배울 개념 미리 보기

1 그림으로 소개하기

2 동시로 소개하기

3 책으로 소개하기

4 그림지도 (심상지도)로 소개하기

오늘 배울 용어 알아보기

소개
(紹 이을 **소**, 介 낄 **개**)

내가 좋아하는 장소를 소개할게.

뜻 모르는 사실이나 내용을 잘 알도록 설명하는 것

예 여러 장소에서의 경험과 느낌을 친구에게 책으로 만들어 **소개**합니다.

관심
(關 관계할 **관**, 心 마음 **심**)

우리 집 근처에 있는 공원에 관심을 가져야지.

뜻 어떤 것에 마음이 끌려 주의를 기울이는 것

예 장소에서의 경험과 느낌을 바탕으로 장소를 생각하고 **관심**을 가지게 됩니다.

예나는 즐거웠던 놀이터에서의 경험을 그림으로 표현했구나.

나는 놀이터가 재미있는 장소라고 생각해. 내가 가장 좋아하는 놀이터에서 친구들과 즐겁게 놀았던 기억이 있어. 그래서 즐거웠던 느낌을 웃는 표정으로 표현했어.

예나

놀이터는 친구들과 즐겁게 놀 수 있는 곳이지만 놀다가 다쳐서 아팠던 장소이기도 해. 그래서 놀이터에서 다쳐서 울었던 모습을 표현했어.

준호는 놀이터에서 다쳐서 울었던 경험을 그림으로 표현했구나.

준호

핵심 콕!

• 장소에서의 경험과 느낌을 친구들에게 그림으로 소개할 수 있습니다.
• **자신이 표현한 장소, 그 장소를 선택한 까닭, 장소에서의 경험과 느낌**을 친구들에게 소개합니다.
• 예나와 준호는 같은 장소와 같은 표현 방법으로 장소를 소개하고 있지만, 장소에 관한 경험과 느낌은 다르게 소개하고 있습니다.

2 동시로 소개하기

내가 좋아하는 장소들

내가 좋아하는 수영장
친구들과 물놀이를 하니
시원하고 즐거워

내가 좋아하는 문구점
학교 준비물이 여기에 다 있네
물건을 구경하는 재미가 있어

내가 좋아하는 분식집
달고 매운 떡볶이랑
바삭바삭 튀김 정말 맛있어

내가 좋아하는 장소들을 동시로 표현했어. 물놀이를 할 수 있는 수영장, 학용품을 살 수 있는 문구점, 맛있는 음식을 먹을 수 있는 분식집을 떠올리며 동시를 쓰고, 그림으로도 표현했어.

동시의 주제는 '내가 좋아하는 장소들'이야.

민지

핵심 콕! 장소에서의 경험과 느낌을 친구들에게 동시로 소개할 수 있습니다.

3 책으로 소개하기

내가 좋아하고 자주 가는 장소들을
책(접는 책)으로 표현했어.

작품을 소개할 때는 내가 선택한 장소를 어떤 방법으로 표현했는지 설명할 수 있어.

재희

핵심 콕! 장소에서의 경험과 느낌을 친구들에게 책으로 소개할 수 있습니다.

4 그림지도(심상지도)로 소개하기

학교에서 집으로 가는 길에 있는 장소들을 그림지도로 그렸어. 그중 태권도를 좋아하기 때문에 내가 다니는 태권도장을 가장 크게 그렸어.

영서

경찰서　튼튼 태권도장　우리 집
희망 초등학교　최고 빵집　놀이터

가족들과 자주 가는 장소를 표현했어. 특히 제일 좋아하는 장소인 박물관을 ★로 표시했어. 박물관은 옛날 사람들이 사용하던 물건을 볼 수 있는 흥미로운 장소이기 때문에 좋아해.

희망산　할머니 댁　놀이공원
박물관　은행
희망 초등학교　우체국　체육관　캠핑장
우리 집　병원　소망 시장

은채

친구들이 소개한 내용을 들어 보면, 그 장소를 어떻게 생각하는지 알 수 있어.

장소에서의 경험과 느낌을 바탕으로 그 장소를 생각하고 관심을 가지게 돼.

핵심 콕!
• 장소에서의 경험과 느낌을 친구들에게 그림지도(심상지도)로 소개할 수 있습니다.
• 사람들은 **장소에서의 경험과 느낌을 바탕으로 그 장소를 생각하고 관심을 가지게 됩니다.**

1 그림으로 소개하기 예

소개한 장소	놀이터
소개한 내용	"나는 놀이터를 그림으로 표현했어. 내가 가장 좋아하는 놀이터에서 친구들과 즐겁게 놀았던 기억이 있어. 그래서 즐거웠던 느낌을 웃는 표정으로 표현했어."

2 동시로 소개하기 예

소개한 장소	수영장, 문구점, 분식집
소개한 내용	"내가 좋아하는 장소들을 동시로 표현했어. 물놀이를 할 수 있는 수영장, 학용품을 살 수 있는 문구점, 맛있는 음식을 먹을 수 있는 분식집을 떠올리며 동시를 쓰고, 그림으로도 표현했어."

3 책으로 소개하기 예

소개한 장소	학교, 시장, 산, 우체국 등
소개한 내용	"내가 좋아하고 자주 가는 장소와 친구들에게 소개하고 싶은 장소를 책(접는 책)으로 표현했어."

4 그림지도(심상지도)로 소개하기 예

소개한 장소	경찰서, 태권도장, 초등학교 등
소개한 내용	"학교에서 집으로 가는 길에 있는 장소들을 그림지도로 그렸어. 그중 태권도를 좋아하기 때문에 내가 다니는 태권도장을 가장 크게 그렸어."

장소에서의 경험과 느낌을 바탕으로 그 장소를 생각하고 관심을 가지게 됩니다.

초성 퀴즈 다음 초성을 보고, 핵심 단어를 위에서 찾아 써 봅시다.

📖 정답과 해설 • 2쪽

❶ 우리 주변 여러 장소에서의 경험과 느낌을 친구들에게 [ㅅ][ㄱ]해 봅니다.

❷ 친구들이 소개한 내용을 들어 보면, 그 [ㅈ][ㅅ]를 어떻게 생각하는지 알 수 있습니다.

❸ 장소에서의 경험과 느낌을 바탕으로 그 장소를 생각하고 [ㄱ][ㅅ]을 가지게 됩니다.

문제로 확인하기

1 다음과 같이 친구들에게 장소를 소개하기 위해 표현한 방법은 무엇입니까? (   )

① 책
② 그림
③ 동시
④ 신문
⑤ 그림지도

2 다음 어린이가 가장 좋아하는 장소로 친구들에게 소개한 곳을 그림지도에서 찾아 쓰시오.

가장 좋아하는 장소를 ☆로 표시했어. 이곳은 옛날 사람들이 사용하던 물건을 볼 수 있는 흥미로운 장소이기 때문에 좋아해.

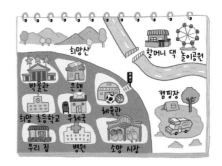

(   )

3 다음 보기 에서 장소에서의 경험과 느낌이 우리에게 주는 영향으로 알맞은 것을 골라 기호를 쓰시오.

┌─ 보기 ─────────────────────────────────────┐
ㄱ 그 장소를 생각하고 관심을 가지게 됩니다.
ㄴ 장소에서의 경험과 느낌은 모든 사람들이 같다는 것을 알게 됩니다.
ㄷ 그 장소에 대한 다른 사람들의 생각과 관심에 무조건 따르게 됩니다.
└──┘

(   )

3 일차 **핵심**

❶ 친구가 장소에서의 경험과 느낌을 소개하는 내용을 들으면 친구가 그 장소를 어떻게 생각하는지 알 수 있습니다. (O , X)

❷ 사람들은 장소에서의 경험과 느낌을 바탕으로 그 장소를 생각하고 관심을 가지게 됩니다. (O , X)

일차

1. 우리가 사는 곳 - ① 우리 주변의 여러 장소

공부한 날
월   일

장소에 대한 생각과 관심 비교하고 존중하기

 오늘 배울 개념 미리 보기

1 장소에 대한 경험과 느낌을 표현한 작품 비교하기

2 장소에서의 경험과 느낌을 표현한 작품을 비교하는 방법

3 장소에 대한 생각과 관심 존중하기

 오늘 배울 용어 알아보기

비교
(比 견줄 **비**, 較 견줄 **교**)

뜻 둘 이상의 사물과 현상을 견주어 서로 간의 공통점, 차이점 등을 밝히는 것

예 작품 속에 담겨 있는 친구의 경험과 느낌을 **비교**합니다.

존중
(尊 높을 **존**, 重 무거울 **중**)

뜻 높이어 귀중하게 대하는 것

예 장소에 대한 서로 다른 생각을 이해하고 **존중**하는 자세가 필요합니다.

1 장소에 대한 경험과 느낌을 표현한 작품 비교하기

그림으로 비교하기

예나의 그림

준호의 그림

같은 점	예나와 준호는 모두 놀이터를 그림으로 표현하였습니다.
다른 점	• 예나: 놀이터를 친구들과 재미있게 놀 수 있어서 즐거웠던 곳으로 표현하였습니다. • 준호: 놀이터를 다쳐서 아팠고, 울었던 곳으로 표현하였습니다.

같은 장소지만 각자 놀이터에서의 경험이 다르구나.

동시로 비교하기

민지의 동시

내가 좋아하는 장소들

내가 좋아하는 수영장
친구들과 물놀이를 하니
시원하고 즐거워

내가 좋아하는 문구점
학교 준비물이 여기에 다 있네
물건을 구경하는 재미가 있어

내가 좋아하는 분식집
달고 매운 떡볶이랑
바삭바삭 튀김 정말 맛있어

진수의 동시

소망 시장에 가면

소망 시장에 가면
알록달록한 과일도 있고

소망 시장에 가면
반짝반짝 생선도 있고

소망 시장에 가면
맛있는 음식 냄새가 솔솔

재미있는 소망 시장으로
어서어서 오세요

같은 점	민지와 진수는 동시로 장소를 표현하였습니다.
다른 점	• 민지: 좋아하는 주변의 여러 장소들을 표현하였습니다. • 진수: 한 장소를 표현하였습니다.

주변의 여러 장소 중 어떤 곳을 표현하였는지 비교해 봐.

그림지도(심상지도)로 비교하기

영서의 그림지도

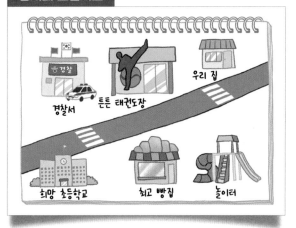

은채의 그림지도

같은 점	• 영시와 은채는 그림지도(심상지도)로 장소를 표현하였습니다. • 영서와 은채는 모두 희망 초등학교를 그렸습니다.
다른 점	• 영서: 태권도를 좋아해서 태권도장을 크게 그렸습니다. • 은채: 태권도장을 그리지 않았습니다. • 영서와 은채가 그린 학교 모습이 다르고 학교와 함께 표현한 장소가 다릅니다.

두 그림지도를 비교해 보니 사람마다 장소에 대한 경험과 느낌이 다르다는 것을 알 수 있어.

핵심 콕!
• 장소에서의 경험과 느낌을 그림, 동시, 그림지도(심상지도) 등으로 표현하여 비교할 수 있습니다.
• 여러 장소에 대한 **사람들의 경험과 느낌은 비슷하기도 하고 다르기도 합니다.**

2 장소에서의 경험과 느낌을 표현한 작품을 비교하는 방법

친구들의 작품을 비교해 보면 장소에 관한 생각과 관심이 다양하다는 것을 알게 돼.

주변의 장소 중 어떤 곳을 표현하였는지 비교합니다.

표현한 장소들의 위치와 크기, 범위를 비교합니다.

작품 속에 담겨 있는 나와 친구의 경험과 느낌을 비교합니다.

핵심 콕!
• 장소를 표현한 작품을 비교할 때는 표현한 **장소들의 위치, 크기, 범위를 비교**하고, **작품 속에 담겨 있는 경험과 느낌을 비교**합니다.

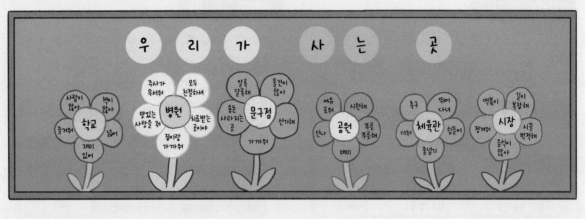

- 장소에 대한 **생각과 느낌이 다양하다는 것**을 알 수 있습니다.
- 장소에 대한 서로 다른 생각과 느낌을 **이해하고 존중하는 자세**를 가져야 합니다.

개념 정리하기

1 장소에서의 경험과 느낌을 표현한 작품 비교하기

(1) 그림으로 비교하기 예

같은 점	놀이터를 그림으로 표현하였습니다.
다른 점	예나는 즐거웠던 곳으로 표현하였고, 준호는 다쳐서 울었던 곳으로 표현하였습니다.

(2) 동시로 비교하기 예

같은 점	동시로 장소를 표현하였습니다.
다른 점	민지는 여러 장소들을 표현하였고, 진수는 한 장소를 표현하였습니다.

(3) 그림지도(심상지도)로 비교하기 예

같은 점	그림지도로 장소를 표현하였고, 모두 희망 초등학교를 그렸습니다.
다른 점	영서는 태권도장을 크게 그렸고, 은채는 태권도장을 그리지 않았습니다.

> 여러 장소를 소개한 내용을 비교해 보면 장소에 대한 생각과 느낌이 다양하다는 것을 알 수 있습니다.

2 장소에서의 경험과 느낌을 표현한 작품을 비교하는 방법

(1) **장소를 표현한 작품을 비교하여 알 수 있는 점**: 사람마다 장소에 대한 생각과 관심이 서로 다르다는 것을 알 수 있습니다.

(2) **장소를 표현한 작품을 비교할 때 주의할 점**: 작품 속에 표현한 장소들의 위치, 크기, 범위를 비교하고, 작품 속에 담겨 있는 나와 친구의 경험과 느낌을 비교합니다.

3 장소에 대한 생각과 관심 존중하기

(1) **장소에 대한 생각과 느낌이 다른 까닭**: 사람마다 경험과 관심이 다르기 때문입니다.

(2) **장소에 대한 서로 다른 생각과 느낌에 대해 가져야 할 자세**: 장소에 대한 사람들의 서로 다른 생각과 느낌을 이해하고 존중해야 합니다.

초성 퀴즈 다음 초성을 보고, 핵심 단어를 위에서 찾아 써 봅시다.

📖 정답과 해설 • 3쪽

❶ 여러 장소를 소개한 내용을 ㅂ ㄱ 해 보면 장소에 대한 생각과 느낌이 다양하다는 것을 알 수 있습니다.

❷ 장소에 대한 사람들의 서로 다른 생각과 느낌을 이해하고 ㅈ ㅈ 해야 합니다.

[1~2] 다음 두 그림을 보고, 물음에 답하시오.

↑ 예나의 그림

↑ 준호의 그림

1 위 그림에서 예나와 준호가 공통으로 표현한 장소는 어디인지 쓰시오.

(   )

2 위 예나와 준호의 그림을 비교한 내용으로 알맞은 것을 **두 가지** 고르시오.

(,   )

① 예나와 준호는 모두 좋아하는 장소를 그렸다.
② 예나와 준호는 같은 장소를 그림으로 표현하였다.
③ 예나와 준호는 모두 친구들과 함께 노는 모습을 그렸다.
④ 예나와 준호는 장소를 보고 느낀 것을 동시로도 표현하였다.
⑤ 예나는 놀이터를 즐거운 장소로 표현하였지만 준호는 놀이터를 울었던 장소로 표현하였다.

3 다음 (   ) 안에 들어갈 알맞은 말을 쓰시오.

 여러 장소에서의 경험과 느낌은 다양해.

 장소에서의 경험과 느낌을 나눌 때는 서로의 생각을 이해하고 (   )해야 해.

(   )

 4일차 핵심

❶ 장소를 표현한 작품을 비교해 보면 장소에 대한 생각과 느낌이 모두 같다는 것을 알 수 있습니다. (O , X)

❷ 장소에 대한 서로 다른 생각과 관심을 이해하고 존중하는 자세가 필요합니다. (O , X)

5 일차

우리 생활에 도움을 주는 장소

 오늘 배울 개념 미리 보기

1 놀이나 여가를 즐기는 장소

2 안전과 건강에 도움을 주는 장소

3 교육이나 문화생활과 관련된 장소

4 그 외 생활에 도움을 주는 여러 장소

 오늘 배울 용어 알아보기

여가
(餘 남을 여, 暇 틈 가)

뜻 일이나 공부를 하지 않아 남는 시간

예 나는 **여가** 시간에 가족과 공원에서 산책을 합니다.

박물관
(博 넓을 **박**, 物 물건 **물**, 館 집 **관**)

뜻 오래된 여러 가지 역사적 사물이나 자료를 모아 보관하고 진열해 놓은 곳

예 우리가 사는 곳 주변에는 내가 제일 좋아하는 장소인 **박물관**이 있습니다.

1 놀이나 여가를 즐기는 장소

가족들과 공원에서 산책을 하거나 친구들과 체육관이나 놀이터에서 놀면서 여가를 즐길 수 있어.

공원

체육관

놀이터

- 우리가 생활하는 데 **편리함과 도움을 주는 여러 장소**가 있습니다.
- 놀이나 여가를 즐길 때 이용하는 장소에는 공원, 체육관, 놀이터 등이 있습니다.

2 안전과 건강에 도움을 주는 장소

→ 위험이 생기거나 사고가 날 염려가 없는 상태

안전에 도움을 주는 장소

경찰서

범죄를 예방하고, 교통질서를 유지해요.

소방서

불을 끄고 응급 환자를 구조해요.

건강에 도움을 주는 장소

병원

아픈 사람을 치료하고 예방 접종을 해요.

보건소

질병을 예방하고, 건강 관련 정보를 제공해요.

- 안전하게 생활할 수 있도록 도와주는 장소에는 경찰서, 소방서 등이 있습니다.
- 건강하게 생활할 수 있도록 도와주는 장소에는 병원, 보건소, 약국 등이 있습니다.

3 교육이나 문화생활과 관련된 장소

5
일차

교육과 관련된 장소

학교

교실과 운동장에서 학생들이 교육을 받아요.

도서관

책을 빌려 주고, 다양한 독서 행사를 열어요.

문화생활과 관련된 장소

공연장

음악이나 연극을 볼 수 있어요.

박물관

조상들이 남긴 다양한 물건이 전시되어 있어요.

미술관

미술 작품을 즐길 수 있어요.

공연장, 박물관, 미술관 등은 우리가 문화생활을 할 수 있도록 도와주는 장소야.

 핵심 콕!
- 교육과 관련된 장소에는 학교, 도서관, 학원 등이 있습니다.
- 문화생활을 할 수 있도록 도와주는 장소에는 공연장, 박물관, 미술관 등이 있습니다.

4 그 외 생활에 도움을 주는 여러 장소

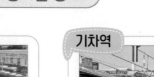

다른 곳으로 이동할 때 이용하는 장소에는 버스 터미널, 기차역, 전철역, 공항, 항구 등이 있어.

→ 배가 안전하게 드나들도록 강가나 바닷가에 부두를 설비한 곳

사람들이 다른 곳으로 이동할 때 이용하는 장소

버스 터미널

기차역

생활에 필요한 물건을 살 때 이용하는 장소

시장, 편의점, 백화점 등은 다양한 물건을 사거나 음식을 먹을 수 있는 곳이야.

시장

편의점

백화점

편리한 생활을 돕는 장소

행정 복지 센터에서는 주민 등록증을 발급해 주고, 우체국에서는 편지나 물건을 사람들이 원하는 곳으로 전달해 주지.

행정 복지 센터

우체국

핵심 콕!
- 사람들이 다른 곳으로 이동할 때 이용하는 장소에는 버스 터미널, 기차역 등이 있습니다.
- 생활에 필요한 물건을 살 때 이용하는 장소에는 시장, 편의점, 백화점 등이 있습니다.
- 편리한 생활을 돕는 장소에는 행정 복지 센터, 우체국 등이 있습니다.

1 놀이나 여가를 즐기는 장소

(1) 우리가 사는 곳에는 생활에 편리함과 도움을 주는 여러 장소가 있습니다.

(2) **놀이나 여가를 즐기는 장소**: 공원, 체육관, 놀이터, 경기장 등이 있습니다.

2 안전과 건강에 도움을 주는 장소

(1) **안전에 도움을 주는 장소**: 경찰서, 소방서 등이 있습니다.

경찰서	범죄를 예방하고 교통질서를 유지하는 일을 하는 곳입니다.
소방서	불을 끄고 응급 환자를 구조하는 일을 하는 곳입니다.

(2) **건강에 도움을 주는 장소**: 병원, 보건소, 약국 등이 있습니다.

3 교육이나 문화생활과 관련된 장소

(1) **교육과 관련된 장소**: 학교, 학원, 도서관 등이 있습니다.

(2) **문화생활과 관련된 장소**: 공연장, 박물관, 미술관, 영화관 등이 있습니다.

4 그 외 생활에 도움을 주는 여러 장소

(1) **사람들이 다른 곳으로 이동할 때 이용하는 장소**: 버스 터미널, 기차역, 전철역, 공항, 항구 등이 있습니다.

(2) **생활에 필요한 물건을 살 때 이용하는 장소**: 시장, 편의점, 백화점 등이 있습니다.

(3) **편리한 생활을 돕는 장소**: 행정 복지 센터, 우체국 등이 있습니다.

행정 복지 센터	주민 등록증 발급, 출생 신고 처리 등의 일을 하는 곳입니다.
우체국	사람들의 편지나 물건을 전달해 주는 일을 하는 곳입니다.

초성퀴즈 다음 초성을 보고, 핵심 단어를 위에서 찾아 써 봅시다.

📖 정답과 해설 • 3쪽

❶ 우리가 사는 곳에는 놀이나 [ㅇ][ㄱ]를 즐길 수 있는 장소가 있습니다.

❷ 경찰서, 소방서 등은 사람들이 [ㅇ][ㅈ]하게 생활할 수 있도록 도와주는 장소입니다.

❸ 사람들이 다른 곳으로 [ㅇ][ㄷ]할 때 버스 터미널, 기차역 등의 장소를 이용합니다.

1 다음 (   ) 안에 들어갈 알맞은 말을 쓰시오.

> 우리 주변에는 우리 생활에 편리함과 (   )을/를 주는 여러 장소가 있습니다.

(   )

2 안전하게 생활할 수 있도록 도와주는 장소를 두 가지 고르시오.   (,   )

①
↑ 공원

②
↑ 체육관

③
↑ 소방서

④
↑ 경찰서

3 다음에서 설명하는 장소로 알맞은 것은 어느 것입니까?   (   )

> 사람들의 질병을 예방하고, 건강 관련 정보를 제공하는 일을 하는 곳입니다.

① 박물관   ② 미술관   ③ 편의점   ④ 보건소   ⑤ 행정 복지 센터

4 다음 보기 에서 사람들이 다른 곳으로 이동할 때 이용하는 장소를 골라 기호를 쓰시오.

> ┌ 보기 ┐
> ㉠ 학교   ㉡ 시장   ㉢ 우체국   ㉣ 기차역

(   )

5 일차 **핵심**

❶ 우리가 사는 곳에는 우리 생활에 편리함과 도움을 주는 여러 장소가 있습니다.
(O , X)

❷ (공항 , 미술관)은 사람들이 문화생활을 할 수 있도록 도움을 주는 장소입니다.

일차

6

우리가 사는 곳 살펴보기

6
일차

오늘 배울 개념 미리 보기

1 직접 돌아다니기

2 안내 책자나 홍보 자료, 사진이나 영상 살펴보기

3 디지털 영상지도 활용하기

오늘 배울 용어 알아보기

검색
(檢 조사할 **검**, 索 찾을 **색**)

뜻 책이나 컴퓨터에서 목적에 따라 필요한 자료들을 찾아내는 일

예 컴퓨터 화면의 왼쪽 위에 있는 검색창에서 장소 이름을 **검색**합니다.

디지털 영상지도

뜻 우주에 떠 있는 인공위성이나 하늘을 나는 비행기에서 찍은 사진을 이용해 만든 지도

예 우리가 사는 곳을 **디지털 영상지도**로 살펴볼 수 있습니다.

❶ 직접 돌아다니기

직접 장소에 찾아가기

직접 돌아다니면서 우리가 사는 곳을 살펴볼 때의 좋은 점은 무엇일까?

우리가 사는 곳에는 생활에 도움을 주는 장소가 많네.

여러 장소의 실제 모습을 볼 수 있어서 좋아.

범죄를 예방하고, 교통질서를 유지하는 일을 해요.

사람들이 그 장소에서 어떤 일을 하는지 직접 보거나 들을 수 있어.

경찰서에서는 어떤 일을 하시나요?

우리가 사는 곳을 잘 아는 어른께 여쭈어보기

우리가 사는 곳에는 어떤 장소가 있나요?

장소에 있는 사람들과 대화하며 장소에 대해 자세히 알아볼 수 있어.

 핵심 콕!
- 직접 장소를 찾아가거나 우리가 사는 곳을 잘 아는 어른께 여쭈어봅니다.
- **장소에 있는 사람들과 대화하며 장소에 대해 자세히 알아볼 수 있습니다.**

2 안내 책자나 홍보 자료, 사진이나 영상 살펴보기

안내 책자나 홍보 자료 살펴보기

우리가 사는 곳을 소개한 안내 책자, 홍보 자료를 살펴볼 수 있어.

사진이나 영상 살펴보기

내가 사는 곳의 모습을 책 속의 사진으로 살펴볼까?

책, 컴퓨터, 스마트폰 등을 활용하여 우리가 사는 곳을 사진이나 영상으로 생생하게 살펴볼 수 있어.

시청·군청·구청에서 관리하는 누리집에 들어가서 장소를 검색하면 장소의 사진과 영상을 살펴볼 수 있어.

- 안내 책자나 홍보 자료로 우리가 사는 곳을 살펴볼 수 있습니다.
- **책, 컴퓨터, 스마트폰 등을 활용**하여 우리가 사는 곳의 모습을 사진이나 영상으로 살펴볼 수 있습니다.

디지털 영상지도 활용하기

→ 인공위성과 비행기에서 찍은 사진과 영상을 이용해 만든 지도

디지털 영상지도의 특징

우리가 사는 곳의 전체 모습을 한눈에 볼 수 있고, 여러 장소의 위치를 쉽게 알 수 있어.

여러 장소의 실제 모습을 자세히 살펴볼 수도 있어.

디지털 영상지도는 국토 정보 플랫폼을 비롯한 다양한 인터넷 지도 서비스로 이용할 수 있어.

디지털 영상지도 이용 방법

1 국토 정보 플랫폼 누리집의 '국토 정보 맵'에서 '통합 지도 검색' 누르기

2 지도의 종류 선택하기

4 장소의 모습 살펴보기

3 찾고 싶은 장소 검색하기

 핵심콕!
- 디지털 영상지도로 **우리가 사는 곳의 실제 모습을 자세히 살펴볼 수 있습니다.**
- **국토 정보 플랫폼 누리집의 국토 정보 맵 서비스를 활용**하여 디지털 영상지도를 살펴볼 수 있습니다.

6
일차

1 직접 돌아다니기

(1) 우리가 사는 곳의 실제 모습을 살펴보기 위해 직접 장소에 찾아갑니다.

(2) 우리가 사는 곳을 잘 아는 어른께 여쭈어보며 장소에 대해 자세히 알아봅니다.

2 안내 책자나 홍보 자료, 사진이나 영상 살펴보기

(1) 우리가 사는 곳을 소개한 안내 책자나 홍보 자료를 살펴볼 수 있습니다.

(2) 우리가 사는 곳을 책, 컴퓨터, 스마트폰 등을 활용하여 사진이나 영상으로 살펴볼 수 있습니다.

3 디지털 영상지도 활용하기

(1) **디지털 영상지도의 의미**: 인공위성이나 비행기에서 찍은 사진과 영상을 이용해 만든 지도입니다.

(2) **디지털 영상지도의 특징**
① 우리가 사는 곳의 위치를 쉽게 알 수 있습니다.
② 우리가 사는 곳의 전체 모습을 한눈에 살펴볼 수 있습니다.
③ 우리가 사는 곳의 실제 모습을 자세히 살펴볼 수 있습니다.
④ 우리가 사는 곳에 있는 여러 장소의 자세한 모습을 알 수 있습니다.

(3) **디지털 영상지도 이용 방법**

컴퓨터로 국토 정보 플랫폼 누리집에 들어간 후, '국토 정보 맵'에서 '통합 지도 검색'을 누릅니다.	→	컴퓨터 화면의 오른쪽 위에 있는 '바탕 화면 선택'을 누른 후, 영상 지도를 선택합니다.	→
컴퓨터 화면에 있는 검색창에 찾고 싶은 장소의 이름이나 주소를 입력하고 검색합니다.	→	지도의 화면을 이동하거나 화면을 확대 또는 축소하여 장소의 모습을 살펴봅니다.	

 **쪼성퀴즈** 다음 초성을 보고, 핵심 단어를 위에서 찾아 써 봅시다.

📖 정답과 해설 • 3쪽

❶ 여러 장소를 [ㅈ][ㅈ] 돌아다니며 실제로 살펴볼 수 있습니다.

❷ 사람들이 촬영한 [ㅅ][ㅈ]이나 영상으로 장소를 살펴볼 수 있습니다.

❸ [ㄷ][ㅈ][ㅌ][ㅇ][ㅅ][ㅈ][ㄷ]를 이용하여 장소의 전체 모습을 자세히 살펴볼 수 있습니다.

1 다음과 같이 우리가 사는 곳을 살펴보는 방법을 〈보기〉에서 골라 기호를 쓰시오.

보기
㉠ 직접 돌아다니기
㉡ 홍보 자료로 살펴보기
㉢ 디지털 영상지도로 살펴보기

(   )

2 우리가 사는 곳을 사진이나 영상으로 살펴보는 방법에 대해 바르게 말한 어린이는 누구인지 쓰시오.

(   )

3 다음 (   ) 안에 들어갈 알맞은 말을 쓰시오.

(   )은/는 인공위성이나 비행기에서 찍은 사진을 이용해 만든 지도입니다.

(   )

4 디지털 영상지도의 특징으로 알맞지 <u>않은</u> 것은 어느 것입니까? (   )

① 여러 장소의 위치를 알 수 있다.
② 여러 장소의 실제 모습을 살펴볼 수 있다.
③ 우리가 사는 곳의 전체 모습을 알 수 있다.
④ 우리가 사는 곳의 자세한 모습을 알 수 있다.
⑤ 우리가 사는 곳에 사는 사람들과 대화할 수 있다.

6 일차 **핵심**

❶ 직접 돌아다니면서 우리가 사는 곳을 실제로 살펴볼 수 있습니다.   (O , X)

❷ 디지털 영상지도를 이용하면 장소의 실제 모습은 살펴볼 수 없습니다.   (O , X)

디지털 영상지도로 우리 생활에 도움을 주는 장소 찾기

 오늘 배울 개념 미리 보기

1 디지털 영상지도의 다양한 기능

2 디지털 영상지도로 생활에 도움을 주는 장소 찾기

 오늘 배울 용어 알아보기

확대
(擴 넓힐 **확**, 大 클 **대**)

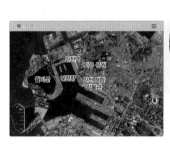

뜻 모양이나 규모 등을 더 크게 함.

예 디지털 영상지도를 **확대**하면 장소를 자세히 살펴볼 수 있습니다.

태블릿 컴퓨터

태블릿 컴퓨터를 활용하여 내가 사는 곳의 모습을 디지털 영상지도로 살펴볼까?

뜻 손이나 전용 도구로 화면에 정보를 직접 입력할 수 있도록 만든 컴퓨터

예 **태블릿 컴퓨터**로 디지털 영상지도를 살펴볼 수 있습니다.

1 디지털 영상지도의 다양한 기능

장소 찾기

검색창에 장소 이름이나 주소를 쓰고, 돋보기 단추를 누르면 장소의 위치와 모습이 표시됩니다.

디지털 영상지도는 컴퓨터, 태블릿 컴퓨터, 스마트폰 등에서 쉽게 이용할 수 있어.

map.ngii.go.kr

국토 정보 플랫폼 국토 정보 맵 ✕

🌐 국토 정보 맵 ☐☐ 공간 정보 받기 ◎ 국토 통계 지도

통합 검색 | 지명 검색 | 기준점 | 국가 관심 지역

춘천역 ❓ 🔍

간편 지도 검색 ›

1,000m

태블릿 컴퓨터로 국토 정보 플랫폼 누리집에 들어가서 '지도 제어'를 누르면 컴퓨터와 동일하게 디지털 영상지도를 볼 수 있어.

▶ 목적에 알맞은 작용을 하도록 조절함.

지도 종류 선택하기

바탕 화면 선택을 누르면 원하는 지도의 종류로 바꿀 수 있습니다.

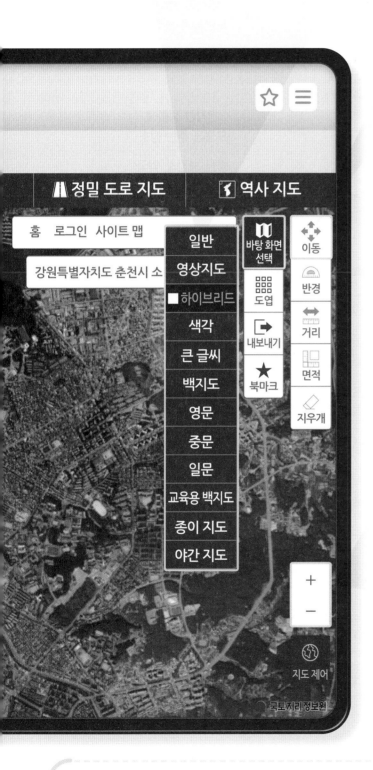

위치 이동하기

마우스를 눌러 표시가 나타난 상태에서 움직이거나 지도 화면을 손가락으로 누른 채 손가락을 움직이면 원하는 위치로 지도를 이동할 수 있습니다.

> 지도를 이동하면 주변에 어떤 장소가 있는지, 그 장소가 내가 있는 곳과 얼마나 떨어져 있는지 살펴볼 수 있어.

확대 및 축소하기

+ 단추를 누르면 지도를 확대할 수 있고, - 단추를 누르면 지도를 축소할 수 있습니다. 또한 마우스 휠을 이용하여 지도를 확대하거나 축소할 수 있습니다.

 핵심 콕!

- 디지털 영상지도에는 **장소 찾기, 확대 및 축소하기, 위치 이동하기, 지도 종류 선택하기** 등 다양한 기능이 있습니다.
- 디지털 영상지도의 여러 가지 기능을 활용하면 **찾고 싶은 장소의 정보를 빠르게 찾아볼 수 있습니다.**

2 디지털 영상지도로 생활에 도움을 주는 장소 찾기

디지털 영상지도를 활용하면 우리 생활에 도움을 주는 장소를 찾아볼 수 있어.

디지털 영상지도로 살펴볼 장소 정하기

다른 곳으로 이동하는 데 도움을 주는 장소		안전한 생활에 도움을 주는 장소
기차역, 버스 터미널	우리가 사는 곳에 있는 장소	경찰서, 소방서
교육이나 문화생활에 도움을 주는 장소		건강한 생활에 도움을 주는 장소
학교, 도서관, 박물관		병원, 보건소, 약국

디지털 영상지도로 장소 찾기

→ 문자나 숫자를 컴퓨터가 기억하게 하는 것

(1) 장소 찾기	검색창에 찾고 싶은 장소의 이름이나 주소를 입력하고 검색합니다. 예 춘천역
(2) 장소 살펴보기	화면을 축소하여 우리가 사는 곳의 전체 모습을 살펴보거나, 화면을 확대하여 장소를 자세히 살펴봅니다.

화면을 축소했을 때(- 단추)

장소의 전체 모습을 살펴볼 수 있습니다.

화면을 확대했을 때(+ 단추)

장소의 자세한 모습을 살펴볼 수 있습니다.

장소를 찾아보며 알게 된 점: 우리 주변에는 생활에 도움을 주는 여러 장소가 있다는 것을 알게 되었습니다.

디지털 영상지도의 다양한 기능을 활용하여 장소의 모습을 살펴볼 수 있어.

핵심 콕!

- 디지털 영상지도로 우리가 사는 곳의 여러 장소를 찾아볼 수 있습니다.
- 디지털 영상지도 **화면을 축소하여 장소의 전체 모습**을 살펴볼 수 있고, **화면을 확대하여 장소의 모습을 자세히** 살펴볼 수 있습니다.

 **개념 정리하기**

1 디지털 영상지도의 다양한 기능

장소 찾기	검색창에 장소 이름이나 주소를 쓰고, 돋보기 단추를 누르면 장소의 위치와 모습이 표시됩니다.
위치 이동하기	마우스를 눌러 ✛ 표시가 나타난 상태에서 움직이면 원하는 위치로 지도를 이동할 수 있습니다.
지도 종류 선택하기	바탕 화면 선택을 누른 후 영상지도를 선택하면 디지털 영상지도로 장소의 모습을 살펴볼 수 있습니다.
확대 및 축소하기	+, − 단추를 누르거나 마우스 휠을 앞뒤로 움직이면 디지털 영상지도를 확대하거나 축소할 수 있습니다.

2 디지털 영상지도로 생활에 도움을 주는 장소 찾기

(1) **디지털 영상지도로 살펴볼 장소 정하기**: ○○ 학교, ○○ 공원, ○○ 경찰서 등

(2) **디지털 영상지도로 장소 찾기**
 ① 검색창에 찾고 싶은 장소의 이름이나 주소를 입력하고 검색합니다.
 ② 디지털 영상지도 화면을 축소(− 단추)하여 장소의 전체 모습을 살펴보거나, 화면을 확대(+ 단추)하여 장소를 자세히 살펴봅니다.

📖 정답과 해설 • 4쪽

초성 퀴즈 다음 초성을 보고, 핵심 단어를 위에서 찾아 써 봅시다.

❶ 디지털 영상지도에서 마우스를 움직이면 원하는 [ㅇ][ㅊ]로 이동할 수 있습니다.

❷ 디지털 영상지도에서 + 단추를 누르면 지도를 [ㅎ][ㄷ]해서 볼 수 있습니다.

❸ 디지털 영상지도 화면을 축소하여 우리가 사는 곳의 [ㅈ][ㅊ] 모습을 살펴봅니다.

[1~3] 다음 디지털 영상지도를 보고, 물음에 답하시오.

(가)

(나)

(다)

1 위 (가)의 기능에 대한 설명으로 알맞은 것은 어느 것입니까? (　　)

① 지도의 종류를 선택할 수 있다.
② 지도의 전체 모습을 볼 수 있다.
③ 지도를 확대 또는 축소할 수 있다.
④ 장소의 이름이나 주소를 검색할 수 있다.
⑤ 화면을 손가락으로 누른 채 움직이면 원하는 위치로 지도를 이동할 수 있다.

2 다음 보기 에서 위 (나) 기능의 좋은 점으로 알맞은 것을 골라 기호를 쓰시오.

보기
㉠ 다른 지도로 바꿀 수 있습니다.
㉡ 장소의 미래 모습을 볼 수 있습니다.
㉢ 지도를 이용하여 주변에 어떤 장소가 있는지 알 수 있습니다.

(　　　　　)

3 다음은 위 (다) 기능에 대한 설명입니다. (　　) 안에 들어갈 알맞은 말에 각각 ○표 하시오.

－ 단추를 누르면 장소의 ㉠ (전체 , 자세한) 모습을 살펴볼 수 있고, ＋ 단추를 누르면 장소의 ㉡ (전체 , 자세한) 모습을 살펴볼 수 있습니다.

❶ 디지털 영상지도 화면을 축소하면 우리가 사는 곳의 전체 모습을 살펴볼 수 있습니다.　(O , X)
❷ 디지털 영상지도를 활용하면 장소의 위치를 쉽게 찾을 수 있습니다.　(O , X)

8 일차

우리가 사는 곳의 좋은 점과 불편한 점 조사하기

 ## 오늘 배울 개념 미리 보기

1 우리가 사는 곳 답사 계획 세우기

2 우리가 사는 곳 답사하기

3 우리가 사는 곳 답사 결과 정리하기

 ## 오늘 배울 용어 알아보기

답사
(踏 밟을 **답**, 査 조사할 **사**)

뜻 실제로 장소에 가서 조사하는 것

예 **답사**를 하여 우리가 사는 곳의 좋은 점과 불편한 점을 조사해 봅니다.

보고서
(報 알릴 **보**, 告 고할 **고**, 書 글 **서**)

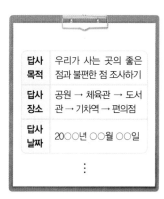

답사 목적	우리가 사는 곳의 좋은 점과 불편한 점 조사하기
답사 장소	공원 → 체육관 → 도서관 → 기차역 → 편의점
답사 날짜	20○○년 ○○월 ○○일

⋮

뜻 조사한 결과에 관한 글이나 문서

예 답사 결과를 정리하여 **보고서**를 작성할 수 있습니다.

1 우리가 사는 곳 답사 계획 세우기

 답사는 실제로 장소에 가서 보고 듣고 조사하여 자세한 정보를 얻는 것을 말해.

우리가 사는 곳 중 어느 장소를 답사하면 좋을까?

답사할 때 각자 어떤 역할을 맡을지 정해 볼까?

공원, 체육관, 도서관, 기차역, 편의점 등을 답사하는 건 어때?

우리가 사는 곳을 디지털 영상지도로 살펴보면서 어느 장소부터 답사하면 좋을지 순서를 정해 볼까?

 모둠원들과 함께 답사 계획서를 작성해 보자.

답사 계획서

어떤 사람을 보호할 책임을 가지고 있는 사람

모둠원 이름: 예나, 은채, 영서, 지후, 예나 어머니(보호자)

답사 목적	우리가 사는 곳의 좋은 점과 불편한 점 조사하기
답사 장소	공원 → 체육관 → 도서관 → 기차역 → 편의점
답사 날짜	20○○년 ○○월 ○○일
답사 내용	• 장소를 이용하는 데 좋은 점은 무엇일까? • 장소를 이용하는 데 불편한 점은 무엇일까?
역할 나누기	• 예나: 장소의 모습을 그림으로 그리기 • 은채: 장소의 모습을 사진이나 영상으로 찍기 • 영서: 장소를 답사한 내용을 기록하기 • 지후: 장소에 대해 잘 알고 있는 어른들께 궁금한 점을 여쭈어보기
준비물	기록장, 필기도구, 사진기, 휴대 전화
주의할 점	• 항상 보호자와 함께 다니기 • 답사하면서 위험한 행동하지 않기 • 설명을 들을 때 집중하고, 빠짐없이 기록하기

 핵심 콕!
• 답사는 **실제로 장소에 가서 직접 보고 듣고 조사하여 자세한 정보를 얻는 활동**입니다.
• 답사 계획서에는 **답사 목적, 장소, 날짜, 내용, 역할 나누기, 준비물, 주의할 점** 등을 넣어 정리합니다.

모둠원들과 세운 답사 계획에 따라 우리가 사는 곳의 좋은 점과 불편한 점을 조사해 보자.

공원

공원이 깨끗해서 편하게 산책할 수 있어.

체육관

체육관에 있는 운동 기구가 낡아서 사용하기 불편해.

편의점

편의점은 필요한 물건을 쉽게 살 수 있어서 편리해.

도서관

도서관에 있는 책이 찢어져 있어서 읽기 힘들어.

기차역

다양한 곳으로 갈 수 있는 기차가 많아서 이동하기 편리해.

우리가 사는 곳을 답사하면 우리가 사는 곳의 좋은 점과 불편한 점을 알 수 있어.

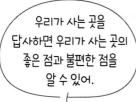

답사 장소에서 각자 맡은 역할에 따라 사진이나 영상을 찍고, 답사한 내용을 기록해 보자.

핵심 콕!

- 답사 계획서를 바탕으로 모둠원들과 우리가 사는 곳의 여러 장소를 직접 찾아가 답사합니다.
- 답사할 장소의 위치를 확인한 후 **답사할 장소의 좋은 점과 불편한 점은 무엇인지 조사**합니다.

답사를 통해 알게 된 우리가 사는 곳의 좋은 점과 불편한 점 등을 답사 보고서에 정리할 수 있어.

답사 보고서

모둠원 이름: 예나, 은채, 영서, 지후, 예나 어머니(보호자)

답사 목적	우리가 사는 곳의 좋은 점과 불편한 점 조사하기	
답사 장소	공원 → 체육관 → 도서관 → 기차역 → 편의점	
답사 날짜	20○○년 ○○월 ○○일	
답사 내용	장소의 좋은 점	• 공원이 깨끗해서 편하게 산책할 수 있습니다. • 편의점은 필요한 물건을 쉽게 살 수 있어서 편리합니다. • 기차역은 다양한 곳으로 갈 수 있는 기차가 많아서 이동하기 편리합니다.
	장소의 불편한 점	• 도서관에 있는 책이 찢어져 있어서 읽기 힘듭니다. • 체육관에 있는 운동 기구가 낡아서 사용하기 불편합니다.
새롭게 알게 된 점 이나 느낀 점	• 우리가 사는 곳에는 좋은 점과 불편한 점이 있음을 알게 되었습니다. • 우리가 사는 곳에 대해 더욱 관심을 가져야겠다고 생각하였습니다.	

우리가 사는 곳의 답사를 통해 장소마다 우리에게 주는 좋은 점과 불편한 점은 무엇인지 알게 되었어.

우리가 사는 곳의 좋은 점과 불편한 점

친구들 앞에서 답사 결과를 발표하고, 함께 이야기를 나누자.

• 답사로 알게 된 우리가 사는 곳의 좋은 점과 불편한 점을 답사 보고서로 작성할 수 있습니다.

1 우리가 사는 곳 답사 계획 세우기

(1) **답사의 의미**: 실제로 장소에 가서 직접 보고 듣고 조사하여 정보를 얻는 활동입니다.

(2) **답사 계획서 작성**: 우리 주변의 답사할 장소와 내용, 방법 등을 모둠원들과 정하여 답사 계획서를 작성할 수 있습니다.

(3) **답사 계획서의 내용**: 답사 목적, 답사 장소, 답사 날짜, 답사 내용, 답사 준비물, 답사할 때 주의할 점 등을 작성합니다.

2 우리가 사는 곳 답사하기 <small>예</small> 우리가 사는 곳의 좋은 점과 불편한 점 조사하기

우리가 사는 곳의 좋은 점	공원 깨끗해서 산책하기 편합니다.	기차역 기차가 많아서 이동하기 편리합니다.	편의점 필요한 물건을 쉽게 살 수 있습니다.
우리가 사는 곳의 불편한 점	체육관 운동 기구가 낡아서 사용하기 불편합니다.	도서관 책이 찢어져 있어서 읽기 힘듭니다.	

3 우리가 사는 곳 답사 결과 정리하기

(1) **답사 보고서 작성**: 답사를 통해 알게 된 장소의 좋은 점과 불편한 점을 보고서로 정리할 수 있습니다.

(2) **답사 보고서의 내용**: 답사 목적, 답사 장소, 답사 날짜, 답사 내용, 새롭게 알게 된 점이나 느낀 점 등을 작성합니다.

📖 정답과 해설 • 4쪽

초성퀴즈 다음 초성을 보고, 핵심 단어를 위에서 찾아 써 봅시다.

❶ 실제로 장소에 가서 직접 보고 듣고 조사하여 자세한 정보를 얻는 것을 [ㄷ][ㅅ] 라고 합니다.

❷ 답사 [ㄱ][ㅎ] 에 따라 우리가 사는 곳의 좋은 점과 불편한 점을 조사해 봅니다.

❸ 답사를 통해 알게 된 점을 [ㅂ][ㄱ][ㅅ] 로 정리할 수 있습니다.

1 다음 (   ) 안에 들어갈 알맞은 말을 쓰시오.

> (   )은/는 실제로 장소에 가서 직접 보고 듣고 조사하여 자세한 정보를 얻는 활동입니다.

(   )

2 우리가 사는 곳을 답사하기 위해 작성한 답사 계획서에 들어갈 내용으로 알맞지 <u>않은</u> 것은 어느 것입니까?   (   )

① 답사 날짜   ② 답사 목적   ③ 답사 장소
④ 역할 나누기   ⑤ 새롭게 알게 된 점

3 다음 보기 에서 답사할 때 주의할 점으로 알맞은 것을 모두 골라 기호를 쓰시오.

> **보기**
> ㉠ 항상 보호자와 함께 다닙니다.
> ㉡ 답사하면서 위험한 행동을 하지 않습니다.
> ㉢ 우리가 사는 곳의 불편한 점은 기록하지 않습니다.

(   )

4 다음 (가)에 들어갈 과정으로 알맞은 것을 <u>두 가지</u> 고르시오.   (,   )

| 답사 계획 세우기 | → | 답사하기 | → | (가) |

① 답사 준비물을 정한다.   ② 답사 결과를 발표한다.
③ 답사할 장소를 정한다.   ④ 답사 장소에서 사진이나 영상을 찍는다.
⑤ 장소에 대해 새롭게 알게 된 점이나 느낀 점을 답사 보고서에 작성한다.

8 일차 **핵심**

❶ 실제로 장소에 가서 직접 보고 듣고 조사하여 자세한 정보를 얻는 활동을 답사라고 합니다. (O , X)

❷ 우리가 사는 곳을 답사하여 알게 된 점이나 느낀 점을 답사 계획서 , 답사 보고서 에 작성할 수 있습니다.

9 일차

우리가 사는 곳을 더 살기 좋게 만들기

 오늘 배울 개념 미리 보기

1 우리가 생각하는 살기 좋은 곳의 조건

2 우리가 사는 곳을 더 살기 좋은 곳으로 만들기 위한 방안

3 우리가 사는 곳을 더 살기 좋은 곳으로 만들기 위한 방안 알리기

4 우리가 생각하는 살기 좋은 곳 표현하기

 오늘 배울 용어 알아보기

인도
(人 사람 **인**, 道 길 **도**)

🔵 보행자의 통행에 사용하도록 된 도로

🔵 어린이의 안전을 위해 학교 주변 **인도** 옆에 울타리를 설치하였습니다.

사회 관계망 서비스(SNS)

🔵 사람들이 온라인상에서 자기 생각이나 정보를 나눌 수 있도록 연결해 주는 서비스

🔵 **사회 관계망 서비스(SNS)**를 활용하면 장소에 대한 다른 사람의 의견을 볼 수 있습니다.

우리가 생각하는 살기 좋은 곳은 어떤 곳일까?

 살기 좋은 곳이란 놀이·여가, 교육·문화, 안전, 건강 등을 위한 시설을 잘 갖춘 곳을 말해.

학교 주변이 안전해야 해.

친구들과 안전하게 놀 수 있는 놀이터가 많아야 해.

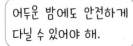

어두운 밤에도 안전하게 다닐 수 있어야 해.

쓰레기가 없는 깨끗한 공원이 있어야 해.

서로 생각하는 살기 좋은 곳의 조건은 다를 수 있어.

살기 좋은 곳의 조건을 토의할 때 다양한 의견을 존중하는 자세가 필요해.

핵심 콕!
- 사람마다 살기 좋은 곳의 모습을 다양하게 생각할 수 있습니다.
- 살기 좋은 곳은 놀이·여가, 교육·문화, 안전, 건강 등을 위한 **시설이 잘 갖추어져서 사람들이 편리하게 생활할 수 있는 곳**입니다.

2 우리가 사는 곳을 더 살기 좋은 곳으로 만들기 위한 방안

→ 일을 처리하거나 해결하여
나갈 방법이나 계획

 어린이의 안전한 생활을 위해 학교 주변 인도 옆에 울타리를 설치합니다.

놀이터에서 안전하게 놀 수 있도록 바닥을 푹신푹신하게 만듭니다.

 어두운 밤에도 안전하게 다닐 수 있도록 망가진 가로등을 고칩니다.

깨끗한 공원이 될 수 있도록 쓰레기를 치웁니다.

 우리가 사는 곳을 더 살기 좋은 곳으로 만들려면 불편한 점을 고치려고 노력해야 해.

 우리 주변의 여러 장소에 관심을 가져서 우리가 사는 곳을 더 살기 좋은 곳으로 만들자.

핵심 콕!
- 우리가 사는 곳을 더 살기 좋은 곳으로 만들려면 주변에 불편한 점이 없는지 살펴보고 이를 고치려고 노력해야 합니다.
- 우리가 사는 곳을 더 살기 좋은 곳으로 만들기 위해 **관심을 갖고 우리가 할 수 있는 일을 실천합니다.**

3 우리가 사는 곳을 더 살기 좋은 곳으로 만들기 위한 방안 알리기

사회 관계망 서비스(SNS) 또는 누리집에 의견 올리기

우리가 사는 곳에도 도서관이 생기면 좋겠어.

누리집에 우리의 의견을 올려 보자.

도서관이 생기면 좋겠다는 의견을 알리려고 누리집에 들어가서 게시판에 의견을 올릴 수 있어.

홍보 활동하기

깨끗한 공원과 생활하기 좋은 학교를 만들기 위해 홍보 활동을 할 수 있어.

핵심 콕!

• 우리가 사는 곳을 더 살기 좋게 만들 방안을 알리기 위해 **사회 관계망 서비스(SNS) 또는 누리집에 의견 올리기, 홍보판 만들기, 홍보 활동하기** 등을 할 수 있습니다.

4 우리가 생각하는 살기 좋은 곳 표현하기

박물관 수목원

경찰서 학교

살기 좋은 곳 그리기

살기 좋은 곳의 조건을 정한 뒤 우리가 생각하는 살기 좋은 곳을 그려봅니다. ㉔ 문화생활을 위한 박물관, 여가 생활을 위한 수목원, 안전한 생활을 위한 경찰서, 교육을 위한 학교를 그림으로 표현했습니다.

살기 좋은 곳을 표현한 작품을 볼 때는 서로 다른 생각을 존중해야 해.

핵심 콕!

• 살기 좋은 곳을 표현한 작품을 보며 **서로의 다양한 생각을 존중하는 태도**를 가집니다.

개념 정리하기

1 우리가 생각하는 살기 좋은 곳의 조건

(1) 사람마다 살기 좋은 곳의 모습을 다양하게 생각할 수 있습니다.

(2) **살기 좋은 곳의 특징**: 놀이·여가, 교육·문화, 안전, 건강 등을 위한 시설을 잘 갖추어서 사람들이 편리하게 생활할 수 있는 곳입니다.

2 우리가 사는 곳을 더 살기 좋은 곳으로 만들기 위한 방안

더 살기 좋은 곳으로 만들 수 있는 방안 (예)	방안을 생각한 까닭 (예)
학교 주변이 안전할 수 있도록 인도 옆에 울타리를 설치합니다.	학교 주변 인도 옆에 울타리가 없어서 다니기 위험하기 때문입니다.
놀이터에서 안전하게 놀 수 있도록 바닥을 푹신푹신하게 만듭니다.	공원에 있는 놀이터의 바닥이 딱딱한 돌로 되어 있어서 놀 때 다치기 쉽기 때문입니다.
어두운 밤에도 안전하게 다닐 수 있도록 망가진 가로등을 고칩니다.	가로등이 망가져서 어두운 밤에 길이 잘 보이지 않아 사람들이 다니기 불편하기 때문입니다.
깨끗한 공원이 될 수 있도록 쓰레기를 치웁니다.	쓰레기를 잘 버려야 공원이 깨끗해지고 환경이 쾌적하기 때문입니다.

우리가 사는 곳을 더 살기 좋은 곳으로 만들기 위해 여러 장소에 관심을 가져야 합니다.

3 우리가 사는 곳을 더 살기 좋은 곳으로 만들기 위한 방안 알리기

(1) 사회 관계망 서비스(SNS) 또는 누리집에 의견을 글로 작성하여 올릴 수 있습니다.

(2) 알리고 싶은 내용과 관련된 장소에 직접 가서 홍보 활동을 할 수 있습니다.

4 우리가 생각하는 살기 좋은 곳 표현하기

(1) 우리가 생각하는 살기 좋은 곳을 다양하게 표현할 수 있습니다.

(2) 살기 좋은 곳을 표현한 다양한 작품을 살펴볼 때는 친구들의 다양한 생각을 존중해야 합니다.

📖 정답과 해설 • 4쪽

 다음 초성을 보고, 핵심 단어를 위에서 찾아 써 봅시다.

❶ 우리가 살기 좋은 곳은 다양한 시설이 잘 갖추어져서 사람들이 〔ㅍ〕〔ㄹ〕하게 생활할 수 있는 곳입니다.

❷ 우리가 사는 곳을 더 살기 좋은 곳으로 만들기 위해 〔ㄱ〕〔ㅅ〕을 가져야 합니다.

1 다음 ( ) 안에 들어갈 알맞은 말을 쓰시오.

> 우리가 생각하는 ( )(이)란 놀이·여가, 교육·문화, 안전, 건강 등을 위한 시설이 잘 갖추어진 곳을 말합니다.

( )

2 다음 사진과 같이 학교 주변 인도 옆에 울타리를 설치한 까닭으로 알맞은 것은 어느 것입니까? ( )

① 학교 주변의 안전을 위해서
② 문화생활을 즐기기 위해서
③ 깨끗한 공원을 만들기 위해서
④ 다양한 장소로 이동하기 위해서
⑤ 횡단보도의 신호등을 잘 보이게 하기 위해서

3 다음과 같이 우리가 사는 곳을 더 살기 좋게 만들 방안을 알리는 방법으로 알맞은 것을 보기 에서 골라 기호를 쓰시오.

> 보기
> ㉠ 홍보 활동하기
> ㉡ 도서관을 그림으로 표현하기
> ㉢ 누리집이나 사회 관계망 서비스(SNS)에 의견 올리기

( )

핵심

❶ 살기 좋은 곳은 놀이·여가, 교육·문화, 안전, 건강 등을 위한 시설이 잘 갖추어져서 사람들이 편리하게 생활할 수 있는 곳입니다. (O , X)

❷ 우리가 사는 곳을 더 살기 좋게 만들 방안을 알리기 위해 사회 관계망 서비스(SNS) 또는 누리집에 의견 올리기, 홍보 활동하기 등을 할 수 있습니다. (O , X)

1일차
우리 주변의 여러 장소

◦ (㉠   ): 사람들이 주로 이용하거나 우리가 사는 곳을 이루고 있는 부분

◦ 장소의 종류

↑ 산

↑ 시장

↑ 학교

4일차
장소에 대한 생각과 관심 비교하고, 존중하기

◦ 장소들의 위치, 크기, 범위, 작품 속에 담겨 있는 친구의 경험과 느낌을 비교함.

◦ 장소에 대한 사람들의 생각과 느낌을 이해하고 (㉢   )해야 함.

5일차
우리 생활에 도움을 주는 장소

놀이나 여가를 즐기는 장소	공원, 체육관, 놀이터 등
(㉣)에 도움을 주는 장소	경찰서, 소방서 등
교육이나 문화생활과 관련된 장소	학교, 도서관, 박물관, 미술관 등
건강에 도움을 주는 장소	병원, 보건소, 약국 등
편리한 생활을 돕는 장소	행정 복지 센터, 우체국 등

9일차
우리가 사는 곳을 더 살기 좋은 곳으로 만들기 위한 방안 알리기

누리집에 의견 올리기   (㉥   ) 활동하기

도서관이 생기면 좋겠어.

2~3일차
장소에서의 경험과 느낌 표현하고 소개하기

◦ 장소에서의 경험과 느낌 표현하기
  ① 그림으로 표현하기
  ② 동시로 표현하기
  ③ 그림지도(심상지도)로 표현하기

◦ 장소에서의 경험과 느낌 소개하기
  ① 자신이 표현한 장소와 그 장소를 선택한 까닭, 장소에서의 (㉡   )과 느낌을 친구들에게 소개함.
  ② 사람들은 장소에서의 경험과 느낌을 바탕으로 그 장소를 생각하고 관심을 가지게 됨.

6~7일차
우리가 사는 곳 살펴보기

◦ 우리가 사는 곳 살펴보는 방법
  ① 직접 돌아다니기
  ② 안내 책자나 홍보 자료, 사진이나 영상 살펴보기
  ③ 디지털 영상지도 활용하기

◦ (㉤   )의 다양한 기능: 장소 찾기, 지도 종류 선택하기, 위치 이동하기, 확대 및 축소하기 등

8일차
우리가 사는 곳의 좋은 점과 불편한 점 조사하기

◦ (㉦   ): 실제로 장소에 가서 직접 보고 듣고 조사하여 자세한 정보를 얻는 것

◦ 우리가 사는 곳의 좋은 점과 불편한 점을 답사하기를 통해 조사할 수 있음.

◦ 답사하는 과정: 답사 계획 세우기 → 답사하기 → 답사 결과 정리하기

단원 평가

1. 우리가 사는 곳

1 다음에서 설명하는 장소는 어디입니까? ( )

> 친구들과 함께 공부하고 운동장에서 재미있게 놀 수 있는 곳입니다.

① 학교　　② 병원　　③ 시장
④ 놀이터　　⑤ 편의점

2 다음 장소에서의 경험과 느낌으로 알맞은 것은 어느 것입니까? ( )

↑ 도서관

① 몸이 아파서 진료를 받았다.
② 가족과 함께 산책하니 좋았다.
③ 친구들과 즐겁게 수영을 했다.
④ 학교에서 필요한 준비물을 샀다.
⑤ 재미있는 책을 읽거나 빌려 볼 수 있었다.

중요
3 다음 〈보기〉에서 장소를 표현하는 방법으로 알맞은 것을 모두 골라 기호를 쓰시오.

┌─ 보기 ─
│ ㉠ 장소에서의 경험과 느낌이 잘 드러나도록
│ 　표현합니다.
│ ㉡ 표현할 장소가 떠오르지 않는다면 상상
│ 　해서 표현합니다.
│ ㉢ 그림지도를 그릴 때는 빠짐없이 모든
│ 　장소를 그려야 합니다.
│ ㉣ 다양한 방법으로 장소에서의 경험과 느낌
│ 　을 표현할 수 있습니다.

( )

[4~5] 다음은 장소에서의 경험과 느낌을 동시로 표현한 것입니다. 물음에 답하시오.

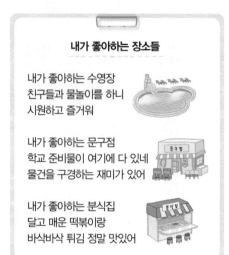

내가 좋아하는 장소들

내가 좋아하는 수영장
친구들과 물놀이를 하니
시원하고 즐거워

내가 좋아하는 문구점
학교 준비물이 여기에 다 있네
물건을 구경하는 재미가 있어

내가 좋아하는 분식집
달고 매운 떡볶이랑
바삭바삭 튀김 정말 맛있어

4 위 동시에서 표현한 장소 이름을 모두 쓰시오.

( )

서술형
5 위와 같이 동시로 장소에서의 경험과 느낌을 표현할 때 가장 먼저 해야 할 일을 쓰시오.

_____

_____

6 다음 (가), (나) 그림지도에 대한 설명으로 알맞지 <u>않은</u> 것은 어느 것입니까? ( )

(가) 　　　(나)

① (가)에는 길이 없지만, (나)에는 길이 있다.
② (가)에는 (나)보다 많은 장소가 표현되어 있다.
③ (가)에는 캠핑장이 없지만 (나)에는 캠핑장이 있다.
④ (가), (나)에 시장이 있지만 모양이 다르다.
⑤ (가), (나)에 학교가 있지만 색깔이 다르다.

7 다음 (   ) 안에 들어갈 장소에서의 경험과 느낌을 소개하는 방법은 무엇입니까? (   )

내가 좋아하고 자주 가는 장소들을 (   )(으)로 표현했어.

① 책   ② 동시   ③ 영상
④ 그림지도   ⑤ 디지털 영상지도

◀서술형

8 장소에서의 경험과 느낌이 우리에게 주는 영향을 쓰시오.

_____

_____

[9~10] 다음 (가), (나) 자료를 보고 물음에 답하시오.

(가)   (나)

9 위 (가), (나) 자료에서 표현한 장소는 어디인지 쓰시오.

(   )

10 위 (가), (나) 자료를 비교한 내용으로 알맞은 것을 <u>두 가지</u> 고르시오. (,   )

① (가), (나)는 같은 장소를 표현했다.
② (가), (나)는 장소를 그림으로 표현했다.
③ (가), (나)는 다쳐서 울었던 장소를 표현했다.
④ (가), (나)는 앞으로 생겼으면 하는 곳을 표현했다.
⑤ (가), (나)는 장소의 위치, 색깔을 모두 같게 표현했다.

중요
11 다음 보기 에서 사람마다 장소에 대한 생각과 느낌이 다른 까닭을 모두 골라 기호를 쓰시오.

┌─ 보기 ─────────────────────────┐
│ ㉠ 사람마다 장소에서 경험한 일이 다르기 │
│   때문입니다.   │
│ ㉡ 사람마다 장소에서 느꼈던 감정이 다르기 │
│   때문입니다.   │
│ ㉢ 같은 장소에 대한 사람들의 관심이 비슷 │
│   하기 때문입니다.   │
└───────────────────────────────┘

(   )

[12~13] 다음 (가), (나) 장소를 보고 물음에 답하시오.

(가)   (나)

↑ 불을 끄는 일을 하는 곳   ↑ 범죄를 예방하는 일을 하는 곳

12 위 (가), (나) 장소를 알맞게 짝 지은 것은 어느 것입니까? (   )

　　(가)　　　(나)
① 소방서　　　보건소
② 우체국　　　소방서
③ 경찰서　　　기차역
④ 소방서　　　경찰서
⑤ 우체국　　행정 복지 센터

13 위 (가), (나) 장소와 관련된 내용으로 알맞은 것은 어느 것입니까? (   )

① 문화생활을 즐길 때 이용하는 곳이다.
② 놀이나 여가를 즐길 때 이용하는 곳이다.
③ 다른 곳으로 이동할 때 이용하는 곳이다.
④ 안전하게 생활할 수 있도록 도와주는 곳이다.
⑤ 건강하게 생활할 수 있도록 도와주는 곳이다.

단원평가

서술형

14 다음과 같은 장소는 사람들에게 어떤 도움을 주는지 쓰시오.

↑ 병원

↑ 보건소

_____

_____

15 우리가 사는 곳을 직접 돌아다니면서 살펴볼 때 좋은 점으로 알맞은 것을 <u>두 가지</u> 고르시오.
(,)

① 장소를 축소해서 볼 수 있다.
② 장소를 확대해서 볼 수 있다.
③ 여러 장소의 실제 모습을 볼 수 있다.
④ 장소를 잘 아는 어른께 여쭤볼 수 있다.
⑤ 다양한 종류의 지도를 선택할 수 있다.

16 다음 ( ) 안에 들어갈 알맞은 말을 쓰시오.

> ( )은/는 장소의 실제 모습을 자세히 살펴볼 수 있는 지도로, 우주에 떠 있는 인공위성에서 찍은 사진 등을 이용해 만듭니다.

( )

17 디지털 영상지도에서 장소의 전체 모습을 보기 위해 이용하는 기능은 무엇입니까? ( )

① 장소 찾기   ② 위치 이동하기
③ 지도 축소하기   ④ 지도 확대하기
⑤ 지도 종류 선택하기

18 다음은 우리가 사는 곳을 답사하기 위해 작성한 답사 계획서입니다. ㉠~㉤에 들어갈 내용을 <u>잘못</u> 짝 지은 것은 어느 것입니까? ( )

㉠	우리가 사는 곳의 좋은 점과 불편한 점 조사하기
㉡	공원 → 체육관 → 도서관
답사 날짜	20○○년 ○○월 ○○일
㉢	• 장소를 이용하는 데 좋은 점은 무엇일까? • 장소를 이용하는 데 불편한 점은 무엇일까?
㉣	• 예나: 장소를 그림으로 그리기 • 영서: 답사한 내용 기록하기
준비물	기록장, 필기도구, 사진기
㉤	항상 보호자와 함께 다니기

① ㉠ – 답사 목적   ② ㉡ – 답사 장소
③ ㉢ – 답사 내용   ④ ㉣ – 역할 나누기
⑤ ㉤ – 새롭게 알게 된 점

19 다음은 우리가 사는 곳을 답사하는 과정입니다. 순서대로 기호를 나열하시오.

> 보기
> ㉠ 답사하기
> ㉡ 답사 계획 세우기
> ㉢ 답사 결과 정리하기

(→ →)

20 우리가 사는 곳을 더 살기 좋게 만들 방안을 알릴 수 있는 방법으로 알맞지 <u>않은</u> 것은 어느 것입니까? ( )

① 홍보 활동하기
② 홍보판 만들기
③ 안내 책자 살펴보기
④ 누리집에 의견 올리기
⑤ 사회 관계망 서비스(SNS)에 의견 올리기

시간을 표현하는 말 살펴보기

 오늘 배울 개념 미리 보기

1 시간의 흐름을 알 수 있는 것

2 시간을 표현하는 말

3 시간을 표현하는 말 찾아보기

 오늘 배울 용어 알아보기

시간
(時 때 **시**, 間 사이 **간**)

뜻 어떤 시각에서 어떤 시각까지의 사이를 뜻하는 말

예 우리는 일상생활 속에서 **시간**을 표현하는 다양한 말을 사용합니다.

년대
(年 해 **년**, 代 대신할 **대**)

뜻 묶으려는 단위의 첫 해부터 다음 단위로 넘어가기 전까지의 기간

예 1970**년대**에 수도권에 전철이 다니기 시작했습니다.

1 시간의 흐름을 알 수 있는 것

봄, 여름, 가을, 겨울, 계절이 바뀌는 것을 보면 시간이 흐르고 있음을 알 수 있어.

계절이 바뀌는 것

봄

여름

가을

겨울

시곗바늘이 움직이는 것

하루 동안 시곗바늘이 움직이는 것을 보면 시간이 흐르고 있음을 알 수 있어.

내가 태어나서 성장하는 것

→ 사람이나 동식물 등이 자라서 점점 커짐.

아기였을 때보다 키가 자라고 몸무게가 늘어나는 것을 보면 시간이 흐르고 있음을 알 수 있어.

 핵심 콕!

• 시간은 눈에 보이지는 않지만 항상 흐르고 있습니다.
• **계절이 바뀌는 것, 시곗바늘이 움직이는 것, 내가 태어나서 성장하는 것** 등 우리 주변의 모습을 살펴보면 시간의 흐름을 알 수 있습니다.

시간은 과거, 현재, 미래로 흘러가.

일상에서 시간을 표현하는 말

지나간 시간을 표현하는 말

과거, 어제, 옛날, 오래전

지금의 시간을 표현하는 말

현재, 오늘, 오늘날

앞으로 다가올 시간을 표현하는 말

미래, 내일, 나중, 훗날

년대

년대는 묶으려는 단위의 첫 해부터 다음 단위로 넘어가기 전까지의 기간을 나타내.

시대

시간의 흐름을 쉽게 이해하려고 '시대'라는 말을 사용하기도 해.

1990년대
1999년
1900년대   1000년대

년대는 10년, 100년, 1000년 단위로 시간을 묶어서 표현할 때 씁니다.

조선 시대

시대는 역사적으로 어떤 기준에 따라 구분한 일정한 기간을 나타냅니다.

핵심 콕!
- 일상에서 시간을 표현하는 말에는 **과거, 옛날, 현재, 오늘날, 미래, 훗날** 등이 있습니다.
- **년대**는 시간을 묶어서 표현할 때 쓰고, **시대**는 역사적으로 어떤 기준에 따라 구분한 일정한 기간을 나타냅니다.

3 **시간을 표현하는 말 찾아보기**

달력에서 찾아보기

5월에는 어린이날이 있어. 무슨 요일인지 달력에서 확인해 볼까?

1년 동안의 월, 일, 요일 등을 날짜에 따라 적어 놓은 달력에서 시간을 표현하는 말을 찾아볼 수 있어.

일기에서 찾아보기

하루 동안 나에게 일어난 일을 적은 일기에서도 월, 일, 요일 등의 시간을 표현하는 말을 찾아볼 수 있어.

2025년 5월 21일 수요일 날씨 맑음

오늘 도서관에서 과거의 교통수단에 관한 책을 읽었다. 옛날에는 말과 같은 동물을 타고 이동하였다고 한다. 오늘날보다는 이동할 때 불편한 점이 있었을 것 같다. 미래에는 어떤 교통수단이 등장할까? 하늘을 나는 자동차가 나타날까? 먼 훗날의 교통수단이 어떤 모습일지 정말 궁금하다.

신문 기사에서 찾아보기

중요한 사건이나 사람들이 알아야 할 정보를 전달하는 신문 기사에서도 시간을 표현하는 다양한 말을 찾을 수 있어.

○○신문   4년마다 한 번씩 국제적으로 열리는 운동 경기 대회   1988년 9월 17일

제24회 서울 올림픽 드디어 열려!

1988년 9월 17일 토요일 오전 10시 30분, 서울 올림픽 대회의 개막식이 열렸다. 오늘부터 10월 2일까지 16일간 펼쳐진다. 전 세계 사람들이 모여 다양한 운동 경기를 즐기며 화합을 다질 예정이다.

시간을 표현하는 말을 보고 알 수 있는 점
• 과거의 일이 일어난 때, 현재의 일이 일어나고 있는 때를 알 수 있습니다.
• 미래의 일이 언제 일어날지 짐작해 볼 수 있습니다.

 핵심 콕!
• 달력, 일기, 신문 기사, 편지 등에서 시간을 표현하는 말을 찾아볼 수 있습니다.
• 시간을 표현하는 말을 사용하면 일이 언제 일어났고, 언제 끝났는지 알 수 있습니다.

1 시간의 흐름을 알 수 있는 것

시간	시간은 눈에 보이지는 않지만 항상 흐르고 있습니다.
시간의 흐름을 알 수 있는 것	• 계절이 바뀌는 것 • 시곗바늘이 움직이는 것 • 내가 태어나서 성장하는 것 • 해가 뜨고 날짜가 바뀌는 것 • 옛날에는 없었던 건물이 생긴 것

2 시간을 표현하는 말

⑴ 일상에서 시간을 표현하는 말

지나간 시간을 표현하는 말	과거, 어제, 옛날, 오래전
지금의 시간을 표현하는 말	현재, 오늘, 오늘날
앞으로 다가올 시간을 표현하는 말	미래, 내일, 나중, 훗날

⑵ 년대와 시대

년대	10년, 100년, 1000년 단위로 시간을 묶어서 표현할 때 씀. ⑩ 2000년대
시대	역사적으로 어떤 기준에 따라 구분한 일정한 기간을 나타냄. ⑩ 구석기 시대, 조선 시대

3 시간을 표현하는 말 찾아보기

⑴ **시간을 표현하는 말을 찾아볼 수 있는 자료**: 달력, 일기, 신문 기사, 편지, 책 등에서 시간을 표현하는 말을 찾을 수 있습니다.

⑵ **시간을 표현하는 말을 보고 알 수 있는 점**: 과거의 일이 일어난 때와 현재의 일이 일어난 때를 알 수 있고, 미래의 일이 언제 일어날지 짐작해 볼 수 있습니다.

ㄱㄴㄷ 초성퀴즈 다음 초성을 보고, 핵심 단어를 위에서 찾아 써 봅시다.

📖 정답과 해설 • 6쪽

❶ 과거, 현재, 미래는 〔ㅅ〕〔ㄱ〕을 표현하는 말입니다.

❷ 〔ㄴ〕〔ㄷ〕는 10년, 100년, 1000년 단위로 시간을 묶어서 표현할 때 쓰는 용어입니다.

❸ 〔ㄷ〕〔ㄹ〕, 일기, 신문 기사, 책 등에서 시간을 표현하는 말을 찾아볼 수 있습니다.

1 시간의 흐름을 알 수 있는 것으로 알맞은 것을 <u>두 가지</u> 고르시오. (,   )

① 계절이 바뀌는 것   ② 하늘이 파란색인 것
③ 친구에게 편지를 쓴 것   ④ 내가 태어나서 성장하는 것
⑤ 놀이터에서 놀다가 다리를 다친 것

2 다음 `보기`에서 지나간 시간을 표현하는 말을 모두 골라 기호를 쓰시오.

┌─ 보기 ───┐
│ ㉠ 과거   ㉡ 미래   ㉢ 옛날   ㉣ 오늘날 │
└───┘

(   )

3 다음 (   ) 안에 공통으로 들어갈 알맞은 말을 쓰시오.

┌───┐
│ (   )은/는 역사적으로 어떤 기준에 따라 구분한 일정한 기간을 나타내는 │
│ 용어로, 구석기 (   ), 조선 (   ) 등의 말을 사용합니다. │
└───┘

(   )

4 다음 (   ) 안에 들어갈 알맞은 말은 무엇입니까? (   )

> 5월에는 어린이날이 있어.
> 무슨 요일인지 (   )에서
> 확인해 볼까?

① 달력
② 일기
③ 편지
④ 신문 기사
⑤ 생활 계획표

핵심

❶ (미래 , 현재)는 지금의 시간을 표현하는 말입니다.

❷ 책, 편지, 신문 기사에서는 시간을 표현하는 말을 찾아볼 수 없습니다. (O , X)

시간의 흐름을 표현하는 방법 알아보기

오늘 배울 개념 미리 보기

1 과거에 있었던 일들의 순서 표현하기

2 일상생활에서 시간의 흐름을 표현한 자료 살펴보기

오늘 배울 용어 알아보기

연표
(年 해 **연**, 表 겉 **표**)

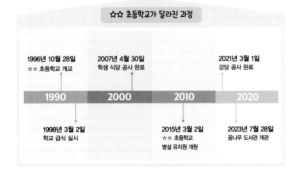

뜻 과거의 사건들을 시간의 흐름 순으로 정리한 표

예 **연표**를 보면 어떤 일이 언제 일어났는지 알 수 있습니다.

생활 계획표

뜻 하루 동안의 생활을 계획하여 그 내용을 정리한 표

예 **생활 계획표**에는 시간대별로 해야 할 일이 나타나 있습니다.

① 과거에 있었던 일들의 순서 표현하기

연표의 의미와 특징

의미	옛날에 있었던 중요한 일들을 일어난 순서대로 나타낸 표입니다.
특징	• 어떤 일이 언제 일어났는지 알 수 있습니다. • 과거의 일이 어떤 순서로 일어났는지 알 수 있습니다. • 과거의 일이 지금으로부터 얼마나 오래전에 일어난 일인지 알 수 있습니다.

→ 상당한 시간이 지나간 과거

옛날에 있었던 일들을 시간의 흐름에 따라 정리하면 잘 기억할 수 있어!

연표의 종류

연표를 보니 나에게 일어난 중요한 일이 무엇이고, 언제 일어났는지 알 수 있구나!

직선으로 나타낸 연표

→ 꺾이거나 굽은 데가 없는 곧은 선

나에게 일어난 중요한 일

(0살)태어남. — 2016년

(1살)돌잔치를 함. — 2017년

(3살) 동생이 태어남. — 2019년

(5살) 유치원에 입학함. — 2021년

(7살) 초등학교에 입학함. — 2023년

(9살) 3학년이 됨. — 2025년

나에게 일어난 중요한 일을 시간의 흐름에 따라 정리한 연표입니다.

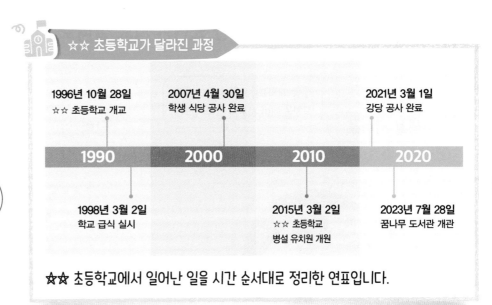

연표를 사용하면 시간 순서대로 어떤 일이 있었는지 파악할 수 있어.

☆☆ 초등학교에서 일어난 일을 시간 순서대로 정리한 연표입니다.

▶ 모나지 않고 부드럽게 굽은 선

곡선으로 나타낸 연표

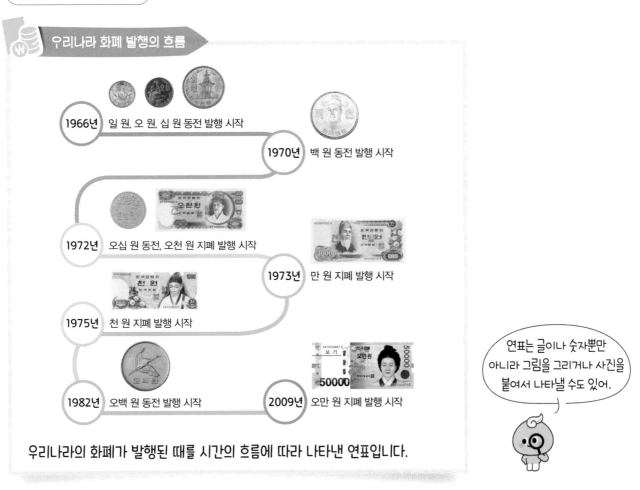

우리나라의 화폐가 발행된 때를 시간의 흐름에 따라 나타낸 연표입니다.

연표는 글이나 숫자뿐만 아니라 그림을 그리거나 사진을 붙여서 나타낼 수도 있어.

핵심 콕!

• 연표란 **옛날에 있었던 중요한 일들을 일어난 순서대로 나타낸** 표입니다.
• 연표를 보면 어떤 일이 언제 일어났는지와 과거의 일이 어떤 순서로 일어났는지 알 수 있으며, 과거의 일이 지금으로부터 얼마나 오래전에 일어난 일인지도 알 수 있습니다.
• 직선이나 곡선 등 다양한 방법으로 연표를 나타낼 수 있습니다.

2 일상생활에서 시간의 흐름을 표현한 자료 살펴보기

생활 계획표

생활 계획표를 보면 시간대별로 무엇을 해야 하는지 알 수 있어.

하루 동안의 생활을 계획하여 그 내용을 정리한 표입니다.

달력

달력에는 생일이나 약속처럼 특별한 날을 기록할 수 있어.

어떤 사실을 적은 것

1년 동안의 월, 일, 요일 등을 날짜에 따라 적어 놓은 것입니다.

학급 시간표

학급 시간표를 보면 학교에서 어떤 순서로 수업을 하는지 알 수 있어.

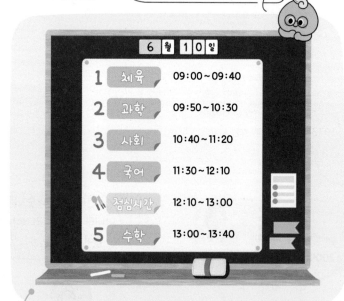

이외에도 날짜별로 일기를 쓰거나 사진을 찍은 순서대로 정리하는 방법으로 시간의 흐름을 표현할 수 있어.

학급에서 시간별로 공부하는 과목을 적은 표입니다.

핵심 콕!
• 생활 계획표, 달력, 학급 시간표, 일기 등에는 시간의 흐름이 표현되어 있습니다.
• 일상생활에서 다양한 자료들을 보며 시간의 흐름을 알 수 있습니다.

개념 정리하기

1 과거에 있었던 일들의 순서 표현하기

(1) 연표의 의미와 특징

의미	옛날에 있었던 중요한 일들을 일어난 순서대로 나타낸 표입니다.
특징	• 어떤 일이 언제 일어났는지 알 수 있습니다. • 과거의 일들이 어떤 순서로 일어났는지 알 수 있습니다. • 과거의 일들이 지금으로부터 얼마나 오래전에 일어난 일인지 알 수 있습니다.

(2) 연표의 종류

① 직선, 곡선 등 다양한 방법으로 나타낼 수 있습니다.

② 글자와 숫자뿐만 이니라 사진이나 그림을 넣어서 연표를 나타낼 수도 있습니다.

③ 다양한 연표

직선으로 나타낸 연표	㉞ ☆☆ 초등학교가 달라진 과정: 학교에서 일어난 일을 시간 순서대로 정리하였습니다.
곡선으로 나타낸 연표	㉞ 우리나라 화폐 발행의 흐름: 우리나라의 화폐가 발행된 때를 시간의 흐름에 따라 나타냈습니다.

2 일상생활에서 시간의 흐름을 표현한 자료 살펴보기

(1) 생활 계획표, 달력, 학급 시간표, 일기 등을 보면 시간의 흐름을 알 수 있습니다.

(2) 시간의 흐름을 표현한 자료

생활 계획표	• 하루 동안의 생활을 계획하여 그 내용을 정리한 표입니다. • 시간대별로 무엇을 해야 하는지 알 수 있습니다.
달력	• 1년 동안의 월, 일, 요일 등을 날짜에 따라 적어 놓은 것입니다. • 생일이나 약속처럼 특별한 날을 기록할 수 있습니다.
학급 시간표	• 학급에서 시간별로 공부하는 과목을 적은 표입니다. • 학교에서 어떤 순서로 수업을 하는지 알 수 있습니다.

초성 퀴즈 다음 초성을 보고, 핵심 단어를 위에서 찾아 써 봅시다.

📖 정답과 해설 • 6쪽

❶ ㅇ ㅍ 는 옛날에 있었던 중요한 일들을 일어난 순서대로 나타낸 표입니다.

❷ 생활 계획표, 달력, 학급 시간표는 ㅅ ㄱ 의 흐름을 표현한 자료입니다.

❸ ㅅ ㅎ ㄱ ㅎ ㅍ 는 하루 동안의 생활을 계획하여 그 내용을 정리한 표입니다.

[1~2] 다음 대화를 읽고 물음에 답하시오.

> • 성윤: 오늘 사회 시간에 (   )에 대해 배웠어요.
> • 엄마: 그렇구나. (   )이/가 뭐니?
> • 성윤: 옛날에 있었던 중요한 일들을 일어난 순서대로 나타낸 표예요.

1 위 대화의 (   ) 안에 공통으로 들어갈 알맞은 말을 쓰시오.

(   )

2 1번 답을 보고 알 수 있는 점을 〈보기〉에서 모두 골라 기호를 쓰시오.

> **보기**
>
> ㉠ 미래에 어떤 일이 일어날지 알 수 있습니다.
> ㉡ 과거의 일들이 언제 일어났는지 알 수 있습니다.
> ㉢ 과거의 일들이 미래에 어떤 영향을 끼칠지 알 수 있습니다.
> ㉣ 과거의 일들이 지금으로부터 얼마나 오래전에 일어난 일인지 알 수 있습니다.

(   )

3 일상생활에서 시간의 흐름을 표현한 자료를 **두 가지** 고르시오. (,   )

① 달력   ② 위인전   ③ 사회과 부도
④ 생활 계획표   ⑤ 용돈 기입장

4 다음에서 설명하는 것은 무엇인지 쓰시오.

> 학급에서 시간별로 공부하는 과목을 적은 표로, 학교에서 어떤 순서로 수업을 하는지 알 수 있습니다.

(   )

 **11** 일차 **핵심**

❶ 연표를 보면 과거의 일이 언제 일어났는지 알 수 있습니다. (O , X)

❷ (   )은/는 1년 동안의 월, 일, 요일 등을 날짜에 따라 적어 놓은 것입니다.

나와 가족, 우리 학교의 중요한 일 떠올리고 조사하기

 오늘 배울 개념 미리 보기

1 나에게 일어난 중요한 일 떠올리기

2 가족에게 일어난 중요한 일 떠올리기

3 우리 학교에서 일어난 중요한 일 조사하기

 오늘 배울 용어 알아보기

중요
(重 무거울 **중**, 要 요긴할 **요**)

돌잔치
입학식
현장 학습
나에게 일어난 중요한 일에는 무엇이 있을까?

(뜻) 매우 귀중하고 소중함.

(예) 다양한 경험 중 특히 기억에 남는 **중요**한 일들이 있습니다.

기억
(記 기록할 **기**, 憶 생각할 **억**)

가장 기억에 남는 일이 뭐야?

지난 여름 방학 때 가족들이랑 놀이공원에 간 거야.

(뜻) 지난 일을 잊지 않고 외워 둠.

(예) **기억**에 남는 일은 서로 같을 수도 있고, 다를 수도 있습니다.

1 나에게 일어난 중요한 일 떠올리기

나에게 일어난 중요한 일이
내 일상의 변화에 영향을
주었음을 알 수 있어.

나에게 일어난 중요한 일들

20□□년, 제주특별자치도에서 태어났습니다.

20□□년, 6살 때 대전광역시로 이사하였습니다.

20□□년, 7살 때 ○○초등학교에 입학하였습니다.

나에게 일어난 중요한 일을 조사하는 방법

사진이나 영상을 보면 옛날의
생생한 모습을 볼 수 있지.

예전에 쓴 일기
살펴보기

어린 시절 사진이나
영상 살펴보기

나를 잘 아는 주변
어른께 여쭈어보기

주변 어른들이 남긴
기록 살펴보기

핵심 콕!
- 나에게 일어난 중요한 일을 떠올리면 내가 그동안 어떤 경험을 하였는지 알 수 있습니다.
- 나에게 일어난 중요한 일은 **일기 살펴보기, 사진이나 영상 살펴보기, 나를 잘 아는 주변 어른께 여쭈어보기, 주변 어른들이 남긴 기록 살펴보기** 등의 방법으로 알아볼 수 있습니다.

2 가족에게 일어난 중요한 일 떠올리기

현재 가족의 모습과 생활은 과거에 가족에게 일어난 중요한 일들로 달라졌어.

가족에게 일어난 중요한 일을 떠올리면 먼 옛날의 일을 알 수도 있구나.

20□□년도에 엄마와 아빠가 결혼을 하셨습니다.
→ 어느 한 해 동안을 가리킴.

19□□년도에 엄마가 가족들과 서울 올림픽 대회를 보았습니다.

19□□년도에 증조할아버지의 집에서 키우는 소가 송아지를 낳았습니다.

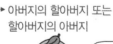
→ 아버지의 할아버지 또는 할아버지의 아버지

19□□년도에 6·25 전쟁이 일어나 할머니가 부산으로 피난을 가셨습니다.
→ 재난을 피하여 멀리 옮겨 감.

가족이 겪은 중요한 일이 일어난 때를 알고 기억하는 것이 중요해.

핵심 콕!

- 현재 가족의 모습과 생활은 **과거에 가족에게 있었던 중요한 일들의 영향을 받았기 때문에** 가족에게 있었던 중요한 일들을 기억하는 것이 중요합니다.
- 가족에게 일어난 중요한 일을 떠올리면 **과거의 일을 알 수 있습니다.**

3 우리 학교에서 일어난 중요한 일 조사하기

우리 학교에서 일어난 중요한 일을 조사해서 우리 학교의 변화 과정을 알아볼 수 있어.

우리 학교에서 일어난 중요한 일을 조사하는 방법

우리 학교에서 일어난 중요한 일을 어떻게 조사할 수 있을까?

우리 학교 누리집에서 학교 소개를 찾아보자.

우리 학교 역사관에 가서 찾아볼 수도 있어.

우리 학교 졸업 사진첩을 찾아보는 것은 어때?

우리 학교에서 일어난 중요한 일 ⑩

→ 학교를 세우고 처음으로 학생들을 받아서 교육을 시작함.

1996년 10월 28일	○○ 초등학교가 개교하였습니다.
1998년 3월 2일	학교 급식이 실시되었습니다.
2007년 4월 30일	학생 식당 공사가 끝이 났습니다.
2015년 3월 2일	○○ 초등학교 병설 유치원이 문을 열었습니다.
2021년 3월 1일	강당 공사가 끝이 났습니다.
2023년 7월 28일	꿈나무 도서관이 문을 열었습니다.

과거 학교에서 중요한 일들이 많이 일어났으며, 그 과정을 거쳐 현재 우리 학교의 모습이 되었습니다.

학교에서 일어난 중요한 일을 정리하니 우리 학교가 어떤 과정으로 변화했는지 알 수 있네.

핵심 콕!
- **학교 누리집, 학교 역사관, 학교 졸업 사진첩** 등을 찾아보면 우리 학교에서 일어난 중요한 일을 조사할 수 있습니다.
- 우리 학교에서 일어난 중요한 일을 조사하면 **우리 학교가 어떤 과정으로 변화하였는지** 알 수 있습니다.

1 나에게 일어난 중요한 일 떠올리기

(1) 나에게 일어난 중요한 일을 떠올리면 내가 그동안 어떤 경험을 하였는지 알 수 있습니다.

(2) **나에게 일어난 중요한 일을 조사하는 방법**

↑ 예전에 쓴 일기 살펴보기

↑ 어린 시절 사진이나 영상 살펴보기

↑ 나를 잘 아는 주변 어른께 여쭈어보기

↑ 주변 어른들이 남긴 기록 살펴보기

2 가족에게 일어난 중요한 일 떠올리기

(1) 현재 우리 가족의 모습과 생활은 과거 가족에게 일어난 중요한 일들의 영향을 받았습니다.

(2) 가족에게 일어난 중요한 일을 떠올리면 과거의 일을 알 수 있습니다.

(3) 가족이 겪은 중요한 일이 일어난 때를 알고 기억하는 것이 중요합니다.

3 우리 학교에서 일어난 중요한 일 조사하기

우리 학교에서 일어난 중요한 일을 조사하는 방법	학교 누리집, 학교 역사관, 학교 졸업 사진첩 등을 찾아보면 우리 학교에서 일어난 중요한 일을 조사할 수 있습니다.
우리 학교에서 일어난 중요한 일을 조사하면 알 수 있는 점	우리 학교가 어떤 과정으로 변화하였는지 알 수 있습니다.

📖 정답과 해설 • 7쪽

 다음 초성을 보고, 핵심 단어를 위에서 찾아 써 봅시다.

❶ 내가 예전에 쓴 ⟨ㅇ⟩⟨ㄱ⟩를 살펴보면 나에게 일어난 중요한 일을 알 수 있습니다.

❷ 가족에게 일어난 ⟨ㅈ⟩⟨ㅇ⟩한 일을 떠올리면 과거의 일을 알 수 있습니다.

1 나에게 일어난 중요한 일을 떠올려 바르게 말한 어린이는 누구인지 쓰시오.

> • 선미: 열심히 공부해서 훌륭한 과학자가 되는 것이 나의 꿈이야.
> • 수현: 작년 여름 방학 때 해수욕장에서 물놀이를 한 것이 가장 기억에 남아.

(   )

2 다음 보기 에서 나에게 일어난 중요한 일을 조사하는 방법으로 알맞은 것을 모두 골라 기호를 쓰시오.

> 보기
> ㉠ 예전에 쓴 일기 살펴보기   ㉡ 새로 알게 된 친구에게 물어보기
> ㉢ 어린 시절에 찍은 영상 살펴보기   ㉣ 주변 어른들이 남긴 기록 살펴보기

(   )

3 다음 그림은 어떤 방법으로 나에게 일어난 중요한 일을 조사하는 모습입니까?

(   )

할머니, 제가 어릴 때 어떤 일이 있었나요?

① 예전에 쓴 일기 살펴보기
② 어린 시절 사진 살펴보기
③ 어린 시절 영상 살펴보기
④ 주변 어른들이 남긴 기록 살펴보기
⑤ 나를 잘 아는 주변 어른께 여쭈어보기

4 우리 학교에서 일어난 중요한 일을 조사하는 방법에 대한 설명이 맞으면 ○표, 틀리면 ✕표 하시오.

(1) 학교 역사관에 가서 찾아봅니다. (   )
(2) 학교 누리집에서 학교 소개를 찾아봅니다. (   )
(3) 디지털 영상지도에서 우리 학교를 찾아봅니다. (   )

12 일차 핵심

❶ 나에게 일어난 중요한 일을 떠올리면 내가 그동안 어떤 경험을 하였는지 알 수 있습니다. (O , X)

❷ 우리 학교에서 일어난 중요한 일을 조사하면 우리 학교가 어떤 과정으로 (   ) 하였는지 알 수 있습니다.

연표와 이야기책 만들기

 오늘 배울 개념 미리 보기

1	2	3
나의 성장 연표 만들기	가족의 연표 만들기	나의 이야기책 만들기

 오늘 배울 용어 알아보기

역사

(歷 지날 **역**, 史 역사 **사**)

뜻 옛날에 있었던 일이나 그 일을 기록으로 남긴 것

예 나의 성장 연표를 만들면 우리가 겪은 일도 **역사**의 일부분임을 알 수 있습니다.

나의 이야기책

뜻 내가 겪은 중요한 일을 이야기로 풀어 만든 책

예 내가 만든 연표를 보고 **나의 이야기책**을 만들 수 있습니다.

나의 성장 연표 만들기

나의 성장 연표를 만드는 과정

연표는 어떤 순서에 따라 만들어야 할까?

나에게 일어난 중요한 일은 사건의 순서에 따라 연표로 만들어서 소개할 수 있어!

1

나에게 일어난 중요한 일을 떠올립니다.

2

언제 일어난 일인지 사건의 순서를 확인합니다.

3

연도를 표시하고, 각 연도에 일어난 일을 순서대로 씁니다.

4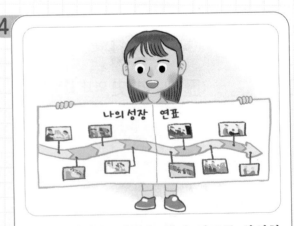

연표에 알맞은 제목을 붙여 연표를 완성합니다.

연표를 만들면 나에게 중요한 일이 언제 일어났는지 알 수 있어!

핵심 콕!
- **나에게 일어난 중요한 일을 떠올린 후 순서대로 나열**하여 연표를 만들 수 있습니다.
- 나의 성장 연표를 만들면 나에게 중요한 일이 언제 일어났는지 알 수 있습니다.

② 가족의 연표 만들기

가족의 연표를 만들면 가족이 겪었던 일들의 흐름을 알 수 있어.

가족의 연표를 보니까 가족이 중요하게 생각하는 일들을 한눈에 알 수 있어.

202□년
오늘날 가족이 월드컵 대회 경기를 보는 모습입니다.

201□년
부모님의 결혼식 모습입니다.

196□년
할아버지의 초등학교 입학식 모습입니다.

198□년
부모님이 어렸을 때 서울 올림픽 대회 경기를 보는 모습입니다.

195□년
6·25 전쟁이 일어나 할머니가 피난을 떠나는 모습입니다.

193□년
증조할아버지 집의 소가 송아지를 낳아서 가족이 기뻐하는 모습입니다.

가족의 연표 만들기를 통해 나와 우리 가족이 겪은 일도 역사의 일부분이 될 수 있음을 이해할 수 있습니다.

핵심 콕!
- 가족의 연표를 만들면 **우리 가족이 겪었던 일들의 흐름**을 알 수 있습니다.
- **나와 우리 가족이 겪은 일도 역사의 일부분**이 될 수 있습니다.

3 나의 이야기책 만들기

나의 이야기책을 만드는 방법

나의 이야기책을 만들 때는 시간의 흐름이 잘 드러나게 만들어야 해.

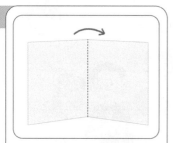

1 도화지를 반으로 접었다 펼칩니다.

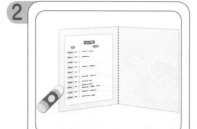

2 도화지의 왼쪽 면에 나의 성장 연표를 붙입니다.

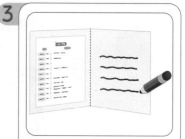

3 도화지의 오른쪽 면에 나의 성장 이야기를 씁니다.

4 내용과 관련된 사진이나 자료를 붙입니다.

5 이야기책의 앞면에 제목을 씁니다.

6 나의 이야기책에 어울리는 그림을 그려서 책 표지를 꾸밉니다.

나의 이야기책 소개하기

제가 태어나서 지금까지 겪은 중요한 일들을 시간 순서대로 정리한 나의 이야기책입니다.

연표나 이야기책을 소개할 때는 시간을 나타내는 말과 함께 일이 일어난 순서에 따라 이야기하도록 해.

나의 이야기책에는 일상의 경험과 생각이 잘 드러나도록 표현합니다.

핵심 콕!
- 나의 이야기책에는 **나에게 일어난 중요한 일들을 선택**해서 쓸 수 있습니다.
- 나의 이야기책에는 연표보다 좀 더 자세하게 나에게 있었던 일을 쓸 수 있습니다.
- 나의 이야기책을 소개할 때는 **일이 일어난 순서에 따라 이야기**합니다.

개념 정리하기

영상으로
정리하기

1 나의 성장 연표 만들기

(1) 나의 성장 연표를 만드는 과정

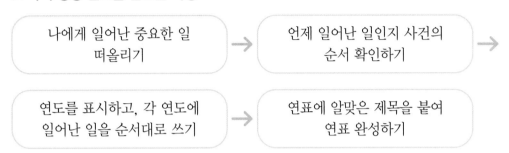

| 나에게 일어난 중요한 일 떠올리기 | → | 언제 일어난 일인지 사건의 순서 확인하기 | → |
| 연도를 표시하고, 각 연도에 일어난 일을 순서대로 쓰기 | → | 연표에 알맞은 제목을 붙여 연표 완성하기 | |

(2) 나의 성장 연표를 만들 때의 좋은 점: 나에게 중요한 일이 언제 일어났는지 알 수 있고, 나의 역사를 알 수 있습니다.

2 가족의 연표 만들기

(1) 가족의 연표를 만들면 우리 가족이 겪었던 일들의 흐름을 알 수 있습니다.

(2) 가족의 연표를 보니까 가족이 중요하게 생각하는 일들을 한눈에 알 수 있습니다.

(3) 나와 우리 가족이 겪은 일도 역사의 일부분이 될 수 있습니다.

3 나의 이야기책 만들기

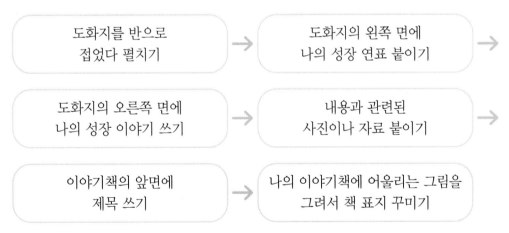

도화지를 반으로 접었다 펼치기	→	도화지의 왼쪽 면에 나의 성장 연표 붙이기	→
도화지의 오른쪽 면에 나의 성장 이야기 쓰기	→	내용과 관련된 사진이나 자료 붙이기	→
이야기책의 앞면에 제목 쓰기	→	나의 이야기책에 어울리는 그림을 그려서 책 표지 꾸미기	

초성 퀴즈 다음 초성을 보고, 핵심 단어를 위에서 찾아 써 봅시다.

📖 정답과 해설 • 7쪽

❶ 나의 성장 [ㅇ][ㅍ]를 만들면 나에게 중요한 일이 언제 일어났는지 알 수 있습니다.

❷ 나와 우리 가족이 겪은 일도 [ㅇ][ㅅ]의 일부분이 될 수 있습니다.

❸ 나의 [ㅇ][ㅇ][ㄱ][ㅊ]을 소개할 때는 일이 일어난 순서에 따라 이야기합니다.

정답과 해설 • 7쪽

1 나의 성장 연표를 만들 때 가장 먼저 해야 할 일은 어느 것입니까? ( )

① 사건의 순서 확인하기
② 연표에 연도 표시하기
③ 각 연도에 일어난 일 쓰기
④ 나에게 일어난 중요한 일 떠올리기
⑤ 연표에 알맞는 제목 붙여 연표 완성하기

2 나의 성장 연표를 만들면 좋은 점을 바르게 말한 어린이는 누구인지 쓰시오.

우리 할머니가 살아온 과정을 알 수 있어.
다연

나에게 중요한 일이 언제 일어났는지 알 수 있어.
진혁

우리 학교가 어떤 과정으로 변화하였는지 알 수 있어.
혜미

( )

3 가족이 중요하게 생각하는 일들을 한눈에 알기 위해 만들어 보는 것은 무엇입니까? ( )

① 가족의 연표 　　② 생활 계획표 　　③ 학급 시간표
④ 나의 이야기책 　　⑤ 나의 성장 연표

4 다음 ( ) 안에 들어갈 알맞은 말은 무엇입니까? ( )

제가 태어나서 지금까지 겪은 중요한 일들을 시간 순서대로 정리한 ( )을/를 소개합니다.

① 그림일기
② 육아 일기
③ 생활 계획표
④ 나의 이야기책
⑤ 우리 학교 연표

13일차
핵심

❶ 나와 우리 가족이 겪은 일은 역사가 아닙니다. (O , X)

❷ 나에게 일어난 중요한 일을 [ ](이)나 이야기책으로 만들 수 있습니다.

14

과거의 모습을 알 수 있는 오래된 물건이나 자료

 오늘 배울 개념 미리 보기

1 나의 과거 모습을 알 수 있는 것들

2 과거의 모습을 알 수 있는 오래된 물건과 건축물

3 과거의 모습을 알 수 있는 오래된 자료

 오늘 배울 용어 알아보기

애장품
(愛 사랑 애, 藏 감출 장, 品 물건 품)

🔖 소중하게 간직하는 물건

예 **애장품**은 과거의 중요한 일과 관련이 있기 때문에 소중합니다.

증언
(證 증거 증, 言 말씀 언)

> 옛날에는 곡식을 갈 때 맷돌로 갈았어.

🔖 어떤 사실을 밝히려는 말

예 어른들의 **증언**을 들으면 과거의 모습을 알 수 있습니다.

1 나의 과거 모습을 알 수 있는 것들

나의 과거 모습을 알려 주는 것들

내가 사용하던 물건에는 나의 경험이나 생각, 느낌 등이 담겨 있어.

옛날에 쓴 일기를 보면 나의 과거 모습을 알 수 있습니다.

어릴 적에 찍은 사진을 보면 나의 과거 모습을 알 수 있습니다.

 애장품이란 과거에 사용하던 물건 중 소중히 간직하는 것을 말해.

나의 애장품을 보면 나의 과거 모습을 알 수 있습니다.

내가 다니던 유치원 등의 건축물을 보면 나의 과거 모습을 알 수 있습니다.

애장품

각자 애장품을 말해 볼까?

나의 애장품은 부모님께 생일 선물로 받은 토끼 인형이야.

나의 애장품은 축구 대회에서 받은 메달이야.

나의 애장품은 어렸을 때부터 모은 우표야.

- 애장품의 특징: 각자의 추억이 담겨 있는 옛날 물건입니다.
- 애장품을 소중히 간직하는 까닭: 애장품이 과거의 중요한 일과 관련이 있기 때문입니다.

 핵심콕!
- 옛날에 쓴 일기, 어릴 적에 찍은 사진, 나의 애장품, 내가 다니던 유치원 등의 건축물, 편지 등을 보면 나의 과거 모습을 알 수 있습니다.
- 애장품은 옛날에 사용하던 물건 중 소중히 간직하는 것으로, 각자의 추억이 담겨 있습니다.

② 과거의 모습을 알 수 있는 오래된 물건과 건축물

이 물건들은 언제, 어떻게 사용한 것일까?

무선 호출기

호출한 사람의 전화번호 등을 알려 주는 물건입니다.

→ 연락하여 불러내는 것

맷돌

곡식을 갈 때 사용하는 도구로, 돌을 포개어 만듭니다.

요강

방 안에서 오줌을 눌 때 사용하는 그릇입니다.

카세트테이프

카세트에 넣어 음악이나 소리를 들을 수 있는 물건입니다.

빨래판과 빨랫방망이

빨래할 때 빨랫감을 문지르거나 두드려서 때를 빼는 도구입니다.

토큰

버스를 탈 때 내는 동전 모양의 물건입니다.

기와집

흙을 구워서 만든 기와로 지붕을 덮은 집입니다

초가집

볏짚 등으로 지붕을 덮은 집입니다.

옛날 집의 부엌

집을 따뜻하게 하고 음식을 만드는 데 쓴 아궁이와 가마솥이 있었습니다.

핵심 콕!
- **과거의 모습을 알 수 있는 물건**에는 무선 호출기, 맷돌, 요강, 카세트테이프, 빨래판과 빨랫방망이, 토큰 등이 있습니다.
- **과거의 모습을 알 수 있는 건축물**에는 기와집, 초가집, 옛날 집의 부엌 등이 있습니다.

3 과거의 모습을 알 수 있는 오래된 자료

자료의 내용이 과거의 생활 모습을 잘 나타내고 있는지 확인해 봐.

일기

1935년 10월 27일 → 옛날의 결혼식

오늘은 누나가 혼례를 치르는 날이다. 친척과 이웃들이 모여 누나의 혼례를 축하해 주셨다. 누나는 혼례를 치르고 매형과 함께 집에서 며칠을 머문 뒤 매형의 집에 가서 산다고 한다. 누나와 매형이 행복하게 오래오래 살았으면 좋겠다.

노랫말

하나 하면 할머니가 지팡이를 짚는다고 잘잘잘
둘 하면 두부 장수 두부를 판다고 잘잘잘
셋 하면 새색시가 거울을 본다고 잘잘잘
넷 하면 냇가에서 빨래를 한다고 잘잘잘
……

신문 기사

○○신문　　1979년 10월 25일

주문하면 바로 만들어지는 음식 ◄

우리나라 최초의 햄버거 패스트푸드 전문점이 서울특별시 중구 소공동에서 문을 열었다는 소식이다. 많은 사람이 햄버거를 먹으려고 이른 아침부터 가게에 줄을 서 있는 모습을 볼 수 있었다.

사진

↑ 옛날의 교실

옛날의 편지나 그림, 책, 영상 등에서도 과거의 모습을 찾을 수 있어.

→ 어떤 사실을 밝히는 말

증언

옛날에는 세탁기가 없어서 빨래를 할 때 빨래판과 빨랫방망이로 빨래를 했단다.

증언은 과거를 경험한 사람이 자기의 과거 경험을 직접 말로 들려주는 것입니다.

증언을 들으면 과거 사람들의 생활 모습을 생생하게 이해할 수 있어.

핵심 콕!
- 과거의 모습을 알 수 있는 오래된 자료에는 **일기**, **노랫말**, **신문 기사**, **사진**, **증언**, **편지**, **책** 등이 있습니다.
- 증언은 과거를 경험한 사람이 직접 말로 들려주는 것이기 때문에 과거의 모습을 더 생생하게 이해할 수 있습니다.

1 나의 과거 모습을 알 수 있는 것들

나의 과거 모습을 알려 주는 것들	• 일기, 사진, 애장품, 내가 다니던 유치원 등의 건축물, 편지 등 • 내가 사용하던 물건에는 나의 경험이나 생각, 느낌 등이 담겨 있습니다.
애장품	• 의미: 옛날에 사용하던 물건 중 소중히 간직하는 것입니다. • 애장품을 소중히 간직하는 까닭: 애장품이 과거의 중요한 일과 관련이 있기 때문입니다.

2 과거의 모습을 알 수 있는 오래된 물건과 건축물

⑴ 우리 주변에서 볼 수 있는 오래된 물건과 건축물

무선 호출기	호출한 사람의 전화번호 등을 알려 주는 물건입니다.
맷돌	곡식을 갈 때 사용하는 도구로, 돌을 포개어 만듭니다.
요강	방 안에서 오줌을 눌 때 사용하는 그릇입니다.
카세트테이프	카세트에 넣어 음악이나 소리를 들을 수 있는 물건입니다.
빨래판과 빨랫방망이	빨래할 때 빨랫감을 문지르거나 두드려서 때를 빼는 도구입니다.
토큰	버스를 탈 때 내는 동전 모양의 물건입니다.
기와집	흙을 구워서 만든 기와로 지붕을 덮은 집입니다.
초가집	볏짚 등으로 지붕을 덮은 집입니다.

⑵ 오래된 물건과 건축물을 통해 알 수 있는 것: 과거의 생활 모습을 알 수 있습니다.

3 과거의 모습을 알 수 있는 오래된 자료

종류	일기, 노랫말, 신문 기사, 사진, 증언, 편지, 책 등
오래된 자료를 통해 알 수 있는 것	옛날에 어떤 일이 있었는지 알 수 있습니다.

초성 퀴즈 다음 초성을 보고, 핵심 단어를 위에서 찾아 써 봅시다.

정답과 해설 • 7쪽

❶ 일기, 사진, [ㅇ][ㅈ][ㅍ] 등을 보면 나의 과거 모습을 알 수 있습니다.

❷ [ㅋ][ㅅ][ㅌ][ㅌ][ㅇ][ㅍ]는 카세트에 넣어 음악이나 소리를 들을 수 있는 물건입니다.

❸ 오래된 자료에는 일기, 노랫말, 신문 기사, 사진, [ㅈ][ㅇ] 등이 있습니다.

1 나의 과거 모습을 알아보는 방법으로 알맞지 <u>않은</u> 것은 어느 것입니까?　(　　)

① 나의 애장품을 살펴본다.　　　　② 옛날에 쓴 일기를 살펴본다.
③ 나의 어릴 적에 사진을 살펴본다.　④ 내가 다니던 유치원에 가 본다.
⑤ 내가 다니고 싶은 학교를 그려 본다.

[2~3] 다음 보기 를 보고 물음에 답하시오.

> 보기
> ㉠ 맷돌　　　　㉡ 요강　　　　㉢ 토큰　　　　㉣ 무선 호출기

2 다음에서 설명하는 오래된 물건을 위 보기 에서 골라 기호를 쓰시오.

> 옛날에 버스를 탈 때 내던 동전 모양의 물건입니다.

(　　　　)

3 다음 대화에 나타난 오래된 물건을 위 보기 에서 골라 기호를 쓰시오.

> • 수민: 엄마, 저건 무슨 물건인가요?
> • 엄마: 옛날에 휴대 전화가 없었을 때 사용한 물건이야. 호출한 사람의 전화번호를 알려 주었지.

(　　　　)

4 다음 (　　) 안에 들어갈 말로 알맞지 <u>않은</u> 것은 어느 것입니까?　(　　)

> (　　　　) 등의 오래된 자료를 보면 옛날에 어떤 일이 있었는지 알 수 있습니다.

① 사진　　　　　　② 일기　　　　　　③ 노랫말
④ 상상화　　　　　⑤ 신문 기사

14일차 **핵심**

❶ 나의 애장품을 보면 나의 과거 모습을 알 수 있습니다.　(O , X)

❷ (맷돌 , 빨랫방망이)은/는 옛날에 곡식을 갈 때 사용하던 도구입니다.

오래된 물건이나 자료로 알 수 있는 옛날 사람들의 생활 모습

 오늘 배울 개념 미리 보기

1 오래된 물건으로
알 수 있는
옛날 사람들의 생활 모습

2 오래된 자료로
알 수 있는
옛날 사람들의 생활 모습

 오늘 배울 용어 알아보기

일기
(日 날 **일**, 記 기록할 **기**)

뜻 매일 겪은 일이나 생각, 느낌 등을 적는 개인의 기록

예 옛날의 **일기**를 보면 옛날 사람들의 생활 모습을 알 수 있습니다.

신문
(新 새 **신**, 聞 들을 **문**)

뜻 중요한 사건이나 정보를 정기적으로 알려 주는 소식지

예 옛날 **신문**에는 당시 중요한 사건이나 정보가 나타나 있습니다.

① 오래된 물건으로 알 수 있는 옛날 사람들의 생활 모습

오래된 물건을 살펴보면 옛날 사람들이 어떻게 살았는지 짐작할 수 있어.

물건들의 모습을 보고 쓰임새를 상상해 보자!

무선 호출기

옛날에는 무선 호출기에 전화 번호를 남기거나 음성 메시지를 남겨서 의사소통을 했어요.

맷돌

옛날에는 전기가 없어서 곡식을 갈 때 돌과 돌을 마찰시켜서 돌리는 맷돌로 갈 았어요. ↳ 두 물체가 서로 닿아 비벼짐.

요강

옛날에는 화장실이 집 밖에 있는 경우가 많아서 밤에는 방 안에서 요강에 오줌을 누 었어요.

카세트테이프

옛날에는 카세트에 카세트테이프를 넣고 틀어서 음악을 들었어요.

카세트

빨래판과 빨랫방망이

옛날에는 세탁기가 없어서 빨래를 할때 빨랫감을 빨래판에 문지르거나 빨랫방망이로 두드려서 때를 뺐어요.

빨래판

빨랫방망이

토큰

옛날에는 버스를 탈 때 돈이나 교통카드 대신 동전 모양의 토큰을 냈어요.

오래된 물건은 옛날 사람들의 생활 모습을 알 수 있는 증거가 되는구나!

무엇이 사실인지 나타낼 수 있는 이유

핵심 콕!
• 오래된 물건을 보며 그 물건을 어떻게 사용하였는지 생각해 볼 수 있습니다.
• 오래된 물건을 보면 **그 물건을 사용하던 옛날 사람들의 생활 모습을 짐작**해 볼 수 있습니다.

2 오래된 자료로 알 수 있는 옛날 사람들의 생활 모습

과거의 모습이 담긴 일기를 보면 일기를 쓴 사람의 상황이나 당시의 생활 모습을 알 수 있어.

일기

1935년 10월 27일
오늘은 누나가 혼례를 치르는 날이다. 친척과 이웃들이 모여 누나의 혼례를 축하해 주셨다. 누나는 혼례를 치르고 매형과 함께 집에서 며칠을 머문 뒤 매형의 집에 가서 산다고 한다. 누나와 매형이 행복하게 오래오래 살았으면 좋겠다.

알 수 있는 점
- 옛날에는 결혼식을 혼례라고 불렀습니다.
- 옛날에는 친척과 이웃들이 모여 결혼을 축하해 주었습니다.
- 옛날에는 결혼하면 남자 집에서 남자의 가족들과 함께 사는 경우가 많았습니다.

신문 기사

○○신문   1979년 10월 25일

우리나라 최초의 햄버거 패스트푸드 전문점이 서울특별시 중구 소공동에서 문을 열었다는 소식이다. 많은 사람이 햄버거를 먹으려고 이른 아침부터 가게에 줄을 서 있는 모습을 볼 수 있었다.

알 수 있는 점
- 옛날에는 햄버거가 흔하지 않았습니다.
- 오늘날에는 패스트푸드 전문점도 매우 많고 패스트푸드의 종류도 많지만, 옛날에는 그렇지 않았다는 것도 알 수 있습니다.

사진

↑ 오래된 건축물(기와집)

알 수 있는 점
- 옛날 사람들이 살았던 기와집은 흙을 구워서 만든 기와로 지붕을 덮었습니다.
- 기와집에는 넓은 마당이 있었습니다.
  ↳ 집의 지붕을 덮을 때 사용하는 건축용 물건

오래된 자료에서 옛날 사람들의 생활 모습을 알아보려면 자료가 만들어진 때를 확인해야 해.

옛날 사진을 보면 옛날 사람들의 생활 모습을 생생하게 확인할 수 있어.

핵심 콕!
- 과거의 모습이 담긴 일기와 같은 오래된 자료를 보면 **글이 쓰여진 당시의 상황이나 옛날 사람들의 생활 모습**을 알 수 있습니다.
- 자료로 옛날 사람들의 생활 모습을 알아보려면 그것이 만들어진 때를 확인해야 합니다.

개념 정리하기

1 오래된 물건으로 알 수 있는 옛날 사람들의 생활 모습

(1) 오래된 물건의 쓰임새

맷돌		옛날에는 전기가 없어서 곡식을 갈 때 돌과 돌을 마찰시켜서 돌리는 맷돌로 갈았습니다.
요강		옛날에는 화장실이 집 밖에 있는 경우가 많아서 밤에는 방 안에서 요강에 오줌을 누었습니다.
빨래판과 빨랫빙망이		옛날에는 세탁기가 없어서 빨래를 할때 빨랫감을 빨래판에 문지르거나 빨랫방망이로 빨랫감을 두드리면서 빨았습니다.
토큰		옛날에는 버스를 탈 때 돈이나 교통 카드 대신 동전 모양의 토큰을 냈습니다.

(2) 오래된 물건으로 알 수 있는 옛날 사람들의 생활 모습

① 오래된 물건을 보며 그 물건을 어떻게 사용하였는지 생각해 볼 수 있습니다.
② 오래된 물건을 보면 옛날 사람들의 생활 모습을 짐작해 볼 수 있습니다.

2 오래된 자료로 알 수 있는 옛날 사람들의 생활 모습

(1) 옛날의 일기, 노랫말, 신문 기사, 사진, 그림 등을 살펴보거나 증언을 들으면 당시의 상황이나 옛날 사람들의 생활 모습을 알 수 있습니다.

(2) 오래된 자료가 만들어진 때가 언제인지 확인합니다.

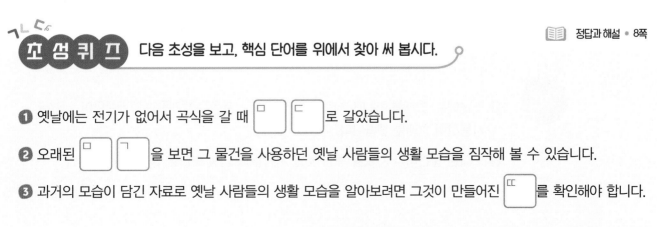

초성퀴즈 다음 초성을 보고, 핵심 단어를 위에서 찾아 써 봅시다.

정답과 해설 • 8쪽

❶ 옛날에는 전기가 없어서 곡식을 갈 때 [ㅁ][ㄷ]로 갈았습니다.

❷ 오래된 [ㅁ][ㄱ]을 보면 그 물건을 사용하던 옛날 사람들의 생활 모습을 짐작해 볼 수 있습니다.

❸ 과거의 모습이 담긴 자료로 옛날 사람들의 생활 모습을 알아보려면 그것이 만들어진 [ㄸ]를 확인해야 합니다.

1 다음 물건을 보고 알 수 있는 옛날 사람들의 생활 모습으로 알맞은 것은 어느 것입니까? ( )

① 옛날에는 전기가 없었다.
② 옛날에는 빨래를 하지 않았다.
③ 옛날에는 화장실이 집 밖에 있었다.
④ 옛날에는 버스를 타고 다니지 않았다.
⑤ 옛날 사람들은 이 물건을 이용하여 음악을 들었다.

2 다음 ( ) 안에 들어갈 알맞은 말을 쓰시오.

> 오래된 물건을 보며 그 물건을 어떻게 사용하였는지 생각해 보는 활동을 하면 그 물건을 사용하던 사람들의 ( ) 모습을 짐작해 볼 수 있습니다.

( )

3 옛날 사람들의 생활 모습을 알 수 있는 오래된 자료로 알맞은 것을 <u>두 가지</u> 고르시오.
(,)

① 일기 　　　　② 세계지도 　　　　③ 신문 기사
④ 길 도우미 지도 　　⑤ 디지털 영상지도

4 과거의 모습이 담긴 사진을 보고 알 수 있는 점을 바르게 말한 어린이는 누구인지 쓰시오.

> • 우진: 옛날 사람들의 생활 모습을 생생하게 확인할 수 있어.
> • 아빈: 오늘날 사람들이 좋아하는 옛날 사람들의 생활 모습을 상상할 수 있어.

( )

❶ 옛날에는 빨래를 할 때 세탁기가 없어서 (토큰 , **빨래판과 빨랫방망이**)을/를 사용하여 빨래를 했습니다.

❷ 오래된 물건이나 자료를 보면 옛날 사람들의 생활 모습을 알 수 있습니다.
(O , X)

16 일차

오래된 물건이나 자료 찾아 소개하기

 오늘 배울 개념 미리 보기

1 오래된 물건이나 자료를 찾는 방법

2 오래된 물건이나 자료를 찾을 때 주의해야 할 점

3 오래된 물건이나 자료 소개하기와 전시관 꾸미기

 오늘 배울 용어 알아보기

민속촌
(民 백성 **민**, 俗 풍속 **속**, 村 마을 **촌**)

🔖 **뜻** 고유한 민속을 간직하고 있는 마을

📝 **예** **민속촌**에서 오래된 물건이나 자료의 사진을 찍어 올 수 있습니다.

주의
(注 부을 **주**, 意 뜻 **의**)

사진을 찍어도 되나요?

그래, 주의해서 둘러보렴.

🔖 **뜻** 마음에 새겨 두고 조심함.

📝 **예** 오래된 물건이나 자료를 찾을 때 **주의**해야 할 점이 있습니다.

오래된 물건이나 자료를 찾는 방법

오래된 물건이나 자료는 어떻게 찾을 수 있을까?

직접 가져오지 못할 때는 사진으로 찍으면 돼.

집이나 주변에서 가져오기

집이나 주변에서 오래된 물건이나 자료를 가져오거나 사진으로 찍어 옵니다.

박물관, 민속촌에 가서 사진으로 찍어 오기

박물관이나 민속촌에 가서 오래된 물건이나 자료를 찾아보고, 사진으로 찍어 옵니다.

→ 옛날의 물건이나 예술품을 보관하고 사람들에게 보여 주는 곳

어른의 이야기를 들으면 물건이나 자료에 대해 더 자세하게 알 수 있어.

주변 어른께 여쭈어보기

오래된 물건이나 자료가 있는지 주변 어른께 여쭈어봅니다.

신문 기사, 광고, 사진, 노랫말 등을 검색해 보자!

인터넷으로 찾아보기

인터넷으로 오래된 신문 기사, 사진, 노랫말, 광고 등을 찾아봅니다.

핵심 콕!
- 집이나 주변에서 가져오기, 박물관이나 민속촌에서 사진으로 찍어 오기, 주변 어른께 여쭈어보기, 인터넷으로 찾아보기 등으로 오래된 물건이나 자료를 찾아볼 수 있습니다.
- 인터넷으로 찾을 때는 신문 기사, 사진, 노랫말, 광고 등을 검색합니다.

2 오래된 물건이나 자료를 찾을 때 주의해야 할 점

주인의 허락 받기

오래된 물건이나 자료를 주인에게 빌리거나, 사진을 찍어도 되는지 허락을 받습니다.

16
일차

오래된 물건이나 자료는 잘 사용하고 원래 있던 곳에 가져다 놓아야 해.

조심스럽게 다루기

오래된 물건이나 자료가 망가지지 않도록 조심스럽게 다룹니다.

글로 적거나 녹음하기

설명을 들을 때는 내용을 글로 적거나 녹음합니다.

↳ 소리를 기록함.

- 오래된 물건이나 자료는 과거를 알려 주는 소중한 증거이므로 찾을 때 주의해야 할 점이 있습니다.
- 오래된 물건이나 자료를 찾을 때는 **주인의 허락을 받아야 하고, 조심스럽게 다루어야 하며, 설명을 들을 때는 내용을 글로 적거나 녹음합니다.**

오래된 물건이나 자료 소개하기

오래된 물건이나 자료는 특징과 쓰임새를 중심으로 소개해 보자!

이것은 옛날에 버스를 탈 때 돈이나 교통 카드 대신에 사용한 토큰입니다.

↪ 학교에서 정해진 과정을 모두 마치는 것

이것은 옛날의 졸업 앨범입니다. 졸업 앨범은 졸업하는 학생들의 사진을 반별로 모아서 만든 사진 책입니다.

오래된 물건과 자료로 전시관 꾸미기

전시관을 꾸미면 옛날 사람들의 생활 모습을 한눈에 볼 수 있어.

전시 주제와 전시품을 정하여 전시관을 꾸며 볼까요?

옛날 사람들이 빨래할 때 사용했던 빨래판과 빨랫방망이를 전시해요.

나의 애장품을 전시해요.

옛날에 부모님이 쓰셨던 무선 호출기를 전시해요.

핵심 콕!
• 내가 찾은 **오래된 물건이나 자료는 특징과 쓰임새**를 중심으로 소개합니다.
• 오래된 물건과 자료로 전시관을 꾸미면 **옛날 사람들의 다양한 생활 모습**을 한눈에 볼 수 있습니다.

1 오래된 물건이나 자료를 찾는 방법

집이나 주변에서 가져오거나 사진으로 찍어 옵니다.	박물관이나 민속촌에 가서 사진으로 찍어 옵니다.	주변 어른께 여쭤어 봅니다.	인터넷으로 사진, 영상 등을 찾아봅니다.

2 오래된 물건이나 자료를 찾을 때 주의해야 할 점

오래된 물건이나 자료를 주인에게 빌리거나, 사진을 찍어도 되는지 허락을 받습니다.	오래된 물건이나 자료가 망가지지 않도록 조심스럽게 다룹니다.	설명을 들을 때는 내용을 글로 적거나 녹음합니다.

3 오래된 물건이나 자료 소개하기와 전시관 꾸미기

(1) **오래된 물건이나 자료 소개하기**
  ① 내가 찾은 오래된 물건과 자료는 특징과 쓰임새를 중심으로 소개합니다.
  ② 친구들이 오래된 물건이나 자료를 소개할 때 내가 찾은 오래된 물건이나 자료와 비교하며 듣습니다.

(2) **오래된 물건이나 자료로 전시관 꾸미기**
  ① 전시 주제와 전시품을 정하여 전시관을 꾸밉니다.
  ② 오래된 물건이나 자료로 전시관을 꾸미면 옛날 사람들의 다양한 생활 모습을 한눈에 볼 수 있습니다.

 다음 초성을 보고, 핵심 단어를 위에서 찾아 써 봅시다.

📖 정답과 해설 • 8쪽

❶ ㅂ ㅁ ㄱ 이나 민속촌에 가서 오래된 물건이나 자료를 사진으로 찍어 옵니다.

❷ 오래된 물건이나 자료를 준비해 옛날 사람들의 생활 모습을 보여 주는 ㅈ ㅅ ㄱ 을 꾸밀 수 있습니다.

1 오래된 물건이나 자료를 찾는 방법으로 알맞지 <u>않은</u> 것은 어느 것입니까? (   )

① 인터넷으로 찾아본다.　　　　　　② 주변 어른께 여쭈어본다.
③ 집이나 주변에서 가져온다.　　　　④ 머릿속에 떠오르는 대로 그린다.
⑤ 박물관에 가서 사진으로 찍어 온다.

2 다음 (   ) 안에 들어갈 알맞은 장소를 <u>두 가지</u> 고르시오.　　　　(,   )

> (   )에 가서 오래된 물건이나 자료를 사진으로 찍어 올 수 있습니다.

① 민속촌　　　　　　② 박물관　　　　　　③ 백화점
④ 놀이공원　　　　　⑤ 대형 할인점

3 오래된 물건이나 자료를 찾을 때 주의해야 할 점을 <u>잘못</u> 말한 어린이는 누구인지
쓰시오.

사진을 찍을 때는 주인 몰래 찍어야 돼.	망가지지 않도록 조심스럽게 다루어야 해.	설명을 들을 때는 내용을 글로 적거나 녹음을 해.
다영	은종	하진

(   )

4 다음 (   ) 안에 들어갈 알맞은 말을 쓰시오.

> 오래된 물건이나 자료를 소개할 때는 물건이나 자료의 특징과 (   )을/를
> 중심으로 소개합니다.

(   )

16일차 핵심

❶ 오래된 물건이나 자료를 찾으려면 주변 [   ]께 여쭈어봅니다.

❷ 오래된 물건이나 자료로 전시관을 꾸미면 옛날 사람들의 생활 모습을 한눈에 볼
수 있습니다. (O , X)

오래된 물건이나 자료에서 과거의 모습 살펴보기

 오늘 배울 개념 미리 보기

1 오래된 물건이나 자료 정리하기

2 오래된 물건이나 자료에서 살펴본 과거의 모습 발표하기

3 오래된 물건이나 자료에서 과거의 모습을 살펴볼 때 그 설명이 서로 다른 까닭

 오늘 배울 용어 알아보기

정리
(整 가지런할 **정**, 理 다스릴 **리**)

찾은 물건과 자료들을 의식주로 나누어 정리 해야지.

뜻 체계적으로 나누고 종합함.

예 오래된 물건이나 자료를 찾은 후 다양한 기준으로 **정리**합니다.

선택
(選 가릴 **선**, 擇 가릴 **택**)

옛날의 생활 모습을 가장 잘 알아보려면 어떤 자료를 선택해야 할까?

뜻 여럿 가운데에서 필요한 것을 골라 뽑음.

예 어떤 물건이나 자료를 **선택**하느냐에 따라 과거에 대한 설명이 달라집니다.

1 오래된 물건이나 자료 정리하기

오래된 물건이나 자료는 다양한 방법으로 정리할 수 있어.

쓰임새에 따라 정리하기

→ 쓰임의 정도나 쓰이는 바

옷과 관련 있는 물건이나 자료

↑ 빨래판과 빨랫방망이　　↑ 한복 사진

↑ 재봉틀 사진　　↑ 배냇저고리
갓난아이가 입는 옷으로 깃을 달지 않음.

음식과 관련 있는 물건이나 자료

↑ 맷돌　　↑ 아궁이와 가마솥 사진

↑ 밥상 사진　　↑ 절구

시간의 흐름에 따라 정리하기

오래된 물건이나 자료를 정리하면 물건이나 자료의 특징을 알 수 있고, 과거의 모습을 살펴보기 쉬어.

1960년대

↑ 라디오　　　↑ 요강　　　↑ 옛날 교실 사진

1980년대

↑ 옛날 교과서　　　↑ 텔레비전　　　↑ 올림픽 사진

2000년대

↑ 휴대 전화　　　↑ CD　　　↑ 월드컵 사진

핵심 콕!
• 오래된 물건이나 자료는 **쓰임새에 따라 정리하기**, **시간의 흐름에 따라 정리**하기 등 다양한 방법으로 정리할 수 있습니다.

2 오래된 물건이나 자료에서 살펴본 과거의 모습 발표하기

물건이나 자료의 여러 부분을 자세하게 관찰하고, 물건이나 자료에 담긴 의미가 무엇일지 생각해 보자!

오래된 물건이나 자료에서 과거의 모습 살펴보기

이건 옛날 교실 사진이야.

옛날에는 학생 수가 무척 많았구나!

이건 옛날에 방 안에서 오줌을 눌 때 사용한 요강이야.

옛날에는 화장실이 집 안에 없었나봐.

발표하기

오래된 물건이나 자료는 과거의 모습을 알려 주는 역할을 해.

옛날의 교실 사진에서 살펴본 과거의 모습

- **설명**: 옛날 교실에서 공부를 하고 있는 학생들의 모습이 담긴 사진
- **사진에서 살펴본 과거의 모습**
  - 옛날에는 컬러 사진보다 흑백 사진이 많았습니다.
  - 옛날에는 교실에 난로가 있었습니다.
  - 오늘날보다 한 반에서 공부하는 학생의 수가 많았습니다.

옛날의 요강에서 살펴본 과거의 모습

- **설명**: 옛날 집 안에서 오줌을 눌 때 사용하던 물건
- **요강에서 살펴본 과거의 모습**
  - 옛날에는 화장실이 집 안에 없는 경우가 많았습니다.
  - 밤에 화장실에 가고 싶을 경우 방 안에 있는 요강에 오줌을 누는 경우가 많았습니다.

핵심 콕!

- 오래된 물건이나 자료에서 살펴본 과거의 모습을 정리하여 발표합니다.
- **오래된 물건이나 자료는 과거의 모습을 알려 주는 역할**을 하기 때문에 중요합니다.

3 오래된 물건이나 자료에서 과거의 모습을 살펴볼 때 그 설명이 서로 다른 까닭

옛날의 집 사진을 보면 과거의 생활 모습을 잘 알 수 있어.

요강이야말로 옛날 사람들의 생활 모습을 보여 주는 물건이야.

옛날에는 한 반에 친구들이 많아서 재미있었겠다!

나는 한 반에 학생 수가 많아 교실이 좁게 느껴져서 답답했을 것 같아.

오래된 물건이나 자료를 통해 과거의 모습을 살펴볼 때
각자 과거에 대한 설명이 서로 다른 까닭

• 어떤 물건이나 자료를 선택하느냐에 따라 설명이 달라질 수
있기 때문입니다.
• 같은 물건이나 자료를 선택하더라도 사람마다 생각이나 흥
미가 달라서 과거에 대한 설명이 다를 수 있기 때문입니다.

친구들이 같은 물건이나 자료를 선택하더라도 과거에 대한 설명이 다를 수 있어.

핵심 콕!

• 어떤 물건이나 자료를 선택하였는지에 따라 과거에 대한 설명이 달라질 수 있기 때문에 다양한 자료를 찾아보고 비교해야 합니다.
• 같은 물건이나 자료를 선택하더라도 사람마다 생각이나 흥미가 달라 과거에 대한 설명이 다를 수 있습니다.

개념 정리하기

1 오래된 물건이나 자료 정리하기

오래된 물건이나 자료를 정리하는 방법	쓰임새에 따라 정리하기, 시간의 흐름에 따라 정리하기 등 다양한 방법으로 정리할 수 있습니다.
오래된 물건이나 자료를 정리할 때의 좋은 점	• 오래된 물건이나 자료의 특징을 알 수 있습니다. • 오래된 물건이나 자료에서 과거의 모습을 살펴볼 수 있습니다.

2 오래된 물건이나 자료에서 살펴본 과거의 모습 발표하기

(1) 오래된 물건이나 자료에서 과거의 모습 살펴보기
① 물건의 여러 부분을 자세하게 관찰합니다.
② 물건을 무엇으로 만들었는지, 언제 사용하였을지, 어떻게 사용하였을지 생각해 봅니다.
③ 자료를 자세하게 관찰하거나 읽어 보며 자료에 담긴 의미를 생각해 봅니다.

(2) 오래된 물건이나 자료에서 살펴본 과거의 모습을 정리하여 발표하기
① 오래된 물건이나 자료에서 살펴본 과거의 모습을 정리하여 발표합니다.
② 오래된 물건이나 자료가 과거의 모습을 알려 주는 역할을 하기 때문에 중요함을 알 수 있습니다.

3 오래된 물건이나 자료에서 과거의 모습을 살펴볼 때 그 설명이 서로 다른 까닭

(1) 어떤 물건이나 자료를 선택하였는지에 따라 과거에 대한 설명이 달라질 수 있기 때문에 다양한 자료를 찾아보고 비교해야 합니다.
(2) 같은 물건이나 자료를 선택하더라도 사람마다 생각이나 흥미가 다르기 때문에 과거에 대한 설명이 다를 수 있습니다.

 다음 초성을 보고, 핵심 단어를 위에서 찾아 써 봅시다.

정답과 해설 • 8쪽

❶ 오래된 물건이나 자료는 ㄱㄱ 의 모습을 알려 주는 역할을 합니다.

❷ 어떤 물건이나 자료를 선택하였는지에 따라 과거에 대한 설명이 달라질 수 있기 때문에 다양한 물건과 자료를 찾아보고 ㅂㄱ 해야 합니다.

1 오래된 물건이나 자료 중 옷과 관련 있는 것들만 정리하려고 합니다. 선택해야 할 물건이나 자료로 알맞지 <u>않은</u> 것은 어느 것입니까? ( )

①
↑ 빨래판과 빨랫방망이

②
↑ 배냇저고리

③
↑ 맷돌

④
↑ 재봉틀 사진

2 오래된 물건에서 과거의 모습을 살펴볼 때 할 수 있는 질문을 바르게 말한 어린이를 모두 골라 이름을 쓰시오.

• 은하: 물건을 언제 사용하였을까? • 소진: 물건을 어떻게 사용하였을까?
• 현수: 미래에 이 물건은 어떻게 되었을까?

( )

3 다음 ( ) 안에 들어갈 과거의 모습을 가진 물건은 무엇인지 쓰시오.

밤에 화장실에 가고 싶을 경우 방 안에 있는 ( )에 오줌을 누는 경우가 많습니다.

( )

4 오래된 물건이나 자료에서 과거의 모습을 살펴볼 때 다양한 자료를 찾아보고 비교해야 하는 까닭으로 알맞은 것은 어느 것입니까? ( )

① 오래된 물건이나 자료의 종류가 적기 때문에
② 사람들이 좋아하는 물건이나 자료가 비슷하기 때문에
③ 같은 물건을 고르면 과거에 대한 설명이 같아지기 때문에
④ 사람마다 중요하게 생각하는 물건이나 자료가 같기 때문에
⑤ 어떤 자료를 선택하였는지에 따라 과거에 대한 설명이 달라질 수 있기 때문에

❶ 오래된 물건을 살펴볼 때 물건의 여러 부분을 자세하게 ( )합니다.
❷ 같은 물건이나 자료를 선택하면 과거에 대한 설명이 같아집니다. (O , X)

18

다양한 방법으로 지역의 달라진 모습 살펴보기

 오늘 배울 개념 미리 보기

1 사진과 영상 으로 지역의 달라진 모습 살펴보기

2 증언으로 지역의 달라진 모습 살펴보기

3 지도로 지역의 달라진 모습 살펴보기

4 옛이야기와 지명으로 지역의 옛날 모습 살펴보기

 오늘 배울 용어 알아보기

지역

(地 땅 **지**, 域 지경 **역**)

1914년

오늘날

0   5km

뜻 어떤 기준에 따라 나누어 놓은 땅

예 사진, 영상, 증언, 옛이야기 등을 통해 **지역**의 달라진 모습을 알 수 있습니다.

옛이야기

우리 지역에 전해 내려오는 옛이야기를 알려 주세요.

우리 지역에는 특별한 옛이야기 가 전해 내려오고 있어요.

뜻 옛날에 있었던 일이라고 전해지거나, 꾸며서 지어낸 이야기

예 **옛이야기**를 살펴보면 옛날 그 지역 사람들의 생활 모습을 알 수 있습니다.

1 **사진과 영상으로 지역의 달라진 모습 살펴보기**

사진으로 지역의 달라진 모습 살펴보기

 사진은 지역 사람들의 옛날 생활 모습 한 장면을 그대로 보여 줘.

공항은 사라졌고 국회 의사당, 높은 건물, 넓은 도로들이 생겼네.

서울특별시 영등포구 여의도동의 달라진 모습

옛날

오늘날

1910년대부터 1950년대까지 여의도에는 공항이 있었습니다.

오늘날 여의도에는 국회 의사당, 방송국, 회사들이 모여 있습니다.

영상으로 지역의 달라진 모습 살펴보기

 영상은 지역 사람들의 옛날 생활 모습을 움직이는 화면으로 생생하게 보여 줘.

한강 철교는 옛날부터 오늘날까지 이어져 내려오고 있구나!

한강 철교의 달라진 모습

↳ 철로 만든 다리

옛날

오늘날

한강 철교는 한강 최초의 다리로, 1900년에 완성되어 열차가 오갔습니다.

오늘날에도 다양한 열차가 한강 철교를 이용하여 오가고 있습니다.

↳ 여러 개의 찻간을 길게 이어 놓은 차량. 기차, 전철 등

핵심 콕!
• **지역의 옛날과 오늘날의 모습이 담긴 사진과 영상**을 비교해 보면 지역의 달라진 모습을 알 수 있습니다.
• 옛날 지역의 모습은 오늘날 **사라진 모습**도 있고, **달라진 모습**도 있으며, **비슷한 모습**도 있습니다.

2 증언으로 지역의 달라진 모습 살펴보기

 지역을 잘 아는 어른의 증언을 들으면
옛날의 생활 모습을 자세하게 알 수 있어.

 증언을 들으면서 궁금한 점을
질문하여 바로 알 수도 있어.

전라남도 광양시의 달라진 모습

 : 할아버지, 고향이 전라남도 광양시라고 들었어요. 광양시의 옛날 생활 모습은 어땠는지 알려 주세요.

 : 광양은 바닷가 마을이었단다. 옛날 광양 사람들은 고기를 잡거나 김을 따는 일을 하며 생활하였지.

 : 오늘날 광양은 어떻게 달라졌나요?

 : 옛날에는 바다였던 곳을 메꿔서 땅으로 만들기도 했고, 넓은
도로와 다리도 생겼어. 그리고 광양 제철소가 생기면서 그곳
에서 일하려는 사람들이 많이 몰려들었어. → 철을 만드는 공장

 핵심 콕!
• **지역을 잘 아는 어른의 증언**을 통해 지역의 달라진 모습과 옛날 사람들의 생활 모습을 자세하게 알
수 있습니다.

3 지도로 지역의 달라진 모습 살펴보기

1914년

오늘날

0   5 km

서울특별시의 크기 변화
지도에서 1914년의 서울 크기와
오늘날의 서울 크기를 비교해 보
면 서울이 옛날에 비해 많이 넓어
졌다는 것을 알 수 있습니다.

 지도로 지역을 살펴보니
지역의 달라진 모습이
한눈에 들어오네.

 핵심 콕!
• **옛날과 오늘날의 지도**를 살펴보면 지역의 달라진 모습을 한눈에 살펴볼 수 있습니다.

4 옛이야기와 지명으로 지역의 옛날 모습 살펴보기

옛이야기에는 지역에서 전해 내려오는 지역의 유래와 역사, 특징 등이 담겨 있어.

→ 사물이나 일이 생겨남.

옛이야기에 담긴 지역의 옛날 모습

경기도 화성시 병점동

맛있는 떡 사세요.

경기도 화성시 병점동은 옛날에 서울에서 다른 지역으로 가거나 다른 지역에서 서울로 가는 사람들이 많이 지나던 곳이었습니다. 그래서 이 지역에는 오가는 사람들에게 떡을 파는 가게가 하나둘씩 생겨났습니다. 그 뒤로 이 지역을 떡을 뜻하는 '병'이라는 글자와 가게를 뜻하는 '점'이라는 글자를 합쳐서 '병점'이라고 부르게 되었습니다.

'병점'이라는 이름을 통해 경기도 화성시 병점동은 옛날에 떡을 파는 사람들이 많았음을 알 수 있습니다.

지명은 마을, 지역, 산, 강 등의 이름을 말해. 지명에는 지역의 고유한 특징이 담겨 있어.

지명으로 알 수 있는 지역의 옛날 모습

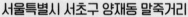
서울특별시 서초구 양재동 말죽거리

서울특별시 서초구 양재동은 옛날에 여행자들이 쉬면서 타고 온 말에게 죽을 끓여 먹인 곳이라고 해서 '말죽거리'라고 불렀습니다. 지금은 말을 타고 다니는 사람들을 볼 수 없지만, 양재동은 여전히 넓은 도로가 있고 많은 차들이 다니는 교통의 중심지입니다.

'말죽거리'라는 지명에서 이 지역 사람들이 말과 관련된 일을 했다는 것을 알 수 있습니다.

핵심 콕! • 지역마다 전해오는 옛이야기와 지명을 살펴보면 **그 지역의 이름이 생겨난 까닭, 옛날 그 지역의 모습, 사람들의 생활 모습** 등을 알 수 있습니다.

1 사진과 영상으로 지역의 달라진 모습 살펴보기

사진과 영상으로 지역의 달라진 모습 살펴보기	사진과 영상으로 옛날과 오늘날 지역을 비교해 보면 지역의 달라진 모습을 알 수 있습니다.
사진과 영상을 살펴보며 알 수 있는 점	옛날 지역의 모습은 오늘날 사라진 모습도 있고, 달라진 모습도 있으며, 비슷한 모습도 있습니다.

2 증언으로 지역의 달라진 모습 살펴보기

⑴ **증언으로 지역의 달라진 모습 살펴보기**: 지역을 잘 아는 어른의 증언을 들으면 지역의 달라진 모습을 알 수 있습니다.

⑵ **증언으로 지역의 달라진 모습을 살펴볼 때의 좋은 점**: 옛날 사람들의 생활 모습을 자세하게 알 수 있고, 궁금한 점을 질문하여 바로 알 수 있습니다.

3 지도로 지역의 달라진 모습 살펴보기

⑴ **지도로 지역의 달라진 모습을 살펴볼 때의 좋은 점**: 지역의 달라진 모습을 한눈에 알 수 있습니다.

⑵ **지도로 살펴보는 서울특별시의 변화**: 옛날에 비해 많이 넓어졌습니다.

4 옛이야기와 지명으로 지역의 옛날 모습 살펴보기

옛이야기에 담긴 지역의 옛날 모습	옛이야기에는 지역의 유래와 역사, 특징 등이 담겨 있습니다. 예 경기도 화성시 병점동
지명으로 알 수 있는 지역의 옛날 모습	• 지명의 의미: 마을, 지역, 산, 강 등의 이름을 말합니다. • 예 서울특별시 서초구 양재동 말죽거리: 당시 사람들이 말과 관련된 일을 했다는 것을 알 수 있습니다.
옛이야기와 지명을 살펴볼 때 알 수 있는 점	그 지역의 이름이 생겨난 까닭, 옛날 지역의 모습, 옛날 지역 사람들의 생활 모습 등을 알 수 있습니다.

초성퀴즈 다음 초성을 보고, 핵심 단어를 위에서 찾아 써 봅시다.

📖 정답과 해설 • 9쪽

❶ [ㅅ][ㅈ]과 영상으로 옛날과 오늘날 지역을 비교해 보면 지역의 달라진 모습을 알 수 있습니다.

❷ 지역에는 지역의 유래와 역사, 특징 등이 담긴 [ㅇ][ㅇ][ㅇ][ㄱ]가 전해 내려옵니다.

1 지역의 달라진 모습을 살펴보는 방법으로 알맞지 <u>않은</u> 것은 어느 것입니까? (   )

① 높은 곳에서 지역 내려다보기　　② 옛날과 오늘날 지역의 사진 살펴보기
③ 지역을 잘 아는 어른께 여쭈어보기　　④ 옛날과 오늘날 지역의 영상 살펴보기
⑤ 지역에 전해 내려오는 옛이야기 살펴보기

2 다음 사진이 여의도의 옛날 모습이면 '옛', 오늘날 모습이면 '오'라고 쓰시오.

(1)

(   )

(2)

(   )

3 증언으로 지역의 달라진 모습을 살펴볼 때의 좋은 점을 <u>두 가지</u> 고르시오.

(,   )

① 달라진 점을 사진으로 남길 수 있다.
② 궁금한 점을 질문하여 바로 알 수 있다.
③ 시간과 장소에 상관없이 살펴볼 수 있다.
④ 옛날의 생활 모습을 자세하게 알 수 있다.
⑤ 옛날의 생활 모습을 직접 눈으로 볼 수 있다.

4 다음 (   ) 안에 공통으로 들어갈 알맞은 말을 쓰시오.

> (   )(이)란 마을, 지역, 산, 강 등의 이름으로, 지역마다 전해 내려오는
> (   )으로 옛날 사람들의 생활 모습을 알 수 있습니다.

(   )

❶ 지역을 잘 (아는 , 모르는) 어른의 증언을 들으면 지역의 달라진 모습을 알 수 있습니다.

❷ 지역의 옛이야기를 살펴보면 그 지역의 이름이 생겨난 까닭, 옛날 그 지역 사람들의 생활 모습 등을 알 수 있습니다. (O , X)

일차

공부한 날
월   일

지역의 달라진 모습 조사하기

 오늘 배울 개념 미리 보기

1 지역의 달라진 모습 조사 계획 세우기

2 지역의 달라진 모습 조사하기

3 지역의 달라진 모습을 조사한 내용 정리하기

 오늘 배울 용어 알아보기

조사

(調 고를 **조**, 査 조사할 **사**)

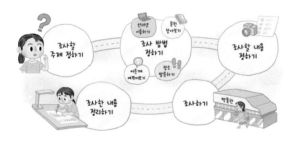

뜻 어떤 내용을 확실히 알려고 자세하게 살펴보는 것

예 지역의 달라진 모습을 **조사**할 때는 가장 먼저 조사 계획을 세웁니다.

계획

(計 셀 **계**, 劃 그을 **획**)

우리 지역의 달라진 모습을 조사하기 위한 계획을 세워 보자.

가장 먼저 무엇을 해야 할까?

뜻 앞으로 해야 할 일의 순서, 방법 등을 미리 정하는 것

예 지역의 달라진 모습을 조사하기 전에 조사 **계획**을 세웁니다.

1 지역의 달라진 모습 조사 계획 세우기

지역의 달라진 모습을 조사하는 과정

 지역의 달라진 모습을 조사하면 당시의 자연환경, 사람들의 생활 모습을 알 수 있어.

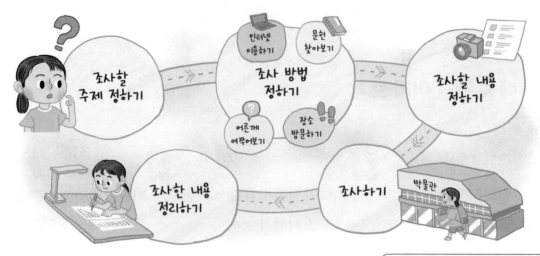

 조사 계획서에는 조사 주제, 조사 방법, 조사할 내용, 주의할 점 등이 들어가야 해.

조사 계획서 작성하기

조사 주제	우리 지역의 달라진 모습
조사 방법	• 인터넷으로 찾아보기 • 지역의 누리집 방문하기 → 어떤 사람이나 장소를 찾아가서 만나거나 봄. • 지역을 잘 아시는 어른께 여쭈어보기 • 관련 장소에 직접 찾아가서 사진 찍기 • 지역에 전해 내려오는 책이나 지역 신문 찾아보기
조사할 내용	• 오늘날 우리 지역은 어떤 특징을 보일까? • 옛날 우리 지역은 어떤 모습이었을까? • 옛날부터 오늘날까지 우리 지역에 그대로 이어져 내려온 것에는 무엇이 있을까? • 옛날의 모습이 바뀌어 이어져 내려온 것에는 무엇이 있을까? • 옛날에는 있었는데 오늘날에는 없어진 것에는 무엇이 있을까? • 옛날에는 없었는데 오늘날에는 새로 생긴 것에는 무엇이 있을까?
주의할 점	• 믿을 수 있는 자료를 찾아봅니다. • 질문할 내용을 미리 정합니다. • 수첩, 필기도구, 사진기 등 준비물을 미리 준비합니다.

 핵심 콕!
• '조사할 주제 정하기 → 조사 방법 정하기 → 조사할 내용 정하기 → 조사하기 → 조사한 내용 정리하기'의 순서로 지역의 달라진 모습을 조사합니다.
• 우리 지역의 달라진 모습을 조사하는 조사 계획서에는 조사 주제, 조사 방법, 조사할 내용, 주의할 점 등이 들어갑니다.

2 지역의 달라진 모습 조사하기

도서관에 계신 선생님께 우리 지역과 관련된 책을 소개해 달라고 하면 찾기 쉬워.

옛날의 모습을 아는 데 증거가 되는 자료나 기록

인터넷 이용하기

우리 지역의 옛날 사진을 살펴봐야지.

시·군·구청 누리집이나 지역 문화원 누리집에 방문합니다. 지역의 사진이나 영상 자료, 신문 기사를 찾아볼 수도 있습니다.

한 사회에서 이루어진 문화를 한눈에 접할 수 있도록 만들어 놓은 공간

문헌 찾아보기

우리 지역에는 이런 옛이야기가 전해 내려오는구나.

도서관에서 우리 지역의 유래, 지역에 전해 내려오는 옛이야기 등을 담은 책이나 지역 신문을 찾아 읽어 봅니다.

지역 어른께 여쭈어보기

질문할 내용을 미리 정하고, 예의를 갖추어 질문해야 해.

우리 지역의 옛날 모습은 어떠했나요?

지역에서 오래 사셨거나 지역에 대해 잘 알고 계신 어른께 지역의 달라진 모습을 여쭈어봅니다.

장소 방문하기

직접 찾아가서 살펴봐야지.

박물관이나 지역의 문화원 등 지역의 달라진 점을 살펴볼 수 있는 장소를 직접 방문합니다.

핵심 콕!
• 지역의 달라진 모습을 조사하는 방법으로는 **인터넷 이용하기, 문헌 찾아보기, 지역 어른께 여쭈어보기, 장소 방문하기** 등이 있습니다.

3 지역의 달라진 모습을 조사한 내용 정리하기

조사 보고서에는 조사 주제,
조사 방법, 조사한 내용, 알게 된 점,
느낀 점 등이 들어갈 수 있어.

조사 보고서로 정리하기

조사 주제	우리 지역의 달라진 모습
조사 방법	• 인터넷에서 지역의 옛날 사진과 오늘날 사진 찾아보기 • 지역의 시청, 문화원 누리집 방문하기 • 지역에 오래 사셨거나 지역을 잘 아시는 어른께 여쭈어보기
조사한 내용	• 옛날에는 논밭이 넓게 펼쳐져 있고 초가집이 많았는데, 오늘날에는 공장이 있고 아파트와 높은 건물이 많습니다. • 옛날에는 도로에 소달구지가 다녔는데, 오늘날에는 도로가 넓어지고 자동차가 많아졌습니다. → 소가 끄는 수레 • 옛날에는 수원 팔달문 주변에 낮은 건물이 모여 있었는데, 오늘날에는 주변 모습은 바뀌었지만 수원 팔달문은 그대로 이어져 내려오고 있습니다. • 옛날에는 수원천에서 빨래를 하는 사람들을 많이 볼 수 있었는데, 오늘날에는 볼 수 없어졌고 수원천 주변에서 산책을 하는 사람들을 볼 수 있습니다.
알게 된 점이나 느낀 점	우리 지역 사람들이 옛날에 여가를 보낸 방법과 오늘날에 여가를 보내는 방법에 어떤 차이가 있는지 알아보고 싶습니다. → 일이 없어 남는 시간

그림으로 정리하기

옛날에는 거리에
소달구지가 다녔고, 오늘날에는
도로에 자동차가 많아졌어.

• 지역의 달라진 모습을 조사한 후 **조사 보고서로 정리하기, 그림으로 정리하기** 등 다양한 방법으로 정리할 수 있습니다.
• 지역에 대해 조사하여 정리하면 우리 지역의 변화 모습과 지역 사람들의 달라진 생활 모습을 알 수 있습니다.

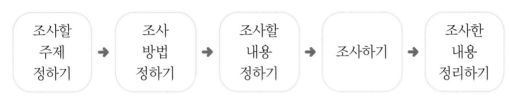

1 지역의 달라진 모습 조사 계획 세우기

(1) 지역의 달라진 모습을 조사하는 과정

조사할 주제 정하기 → 조사 방법 정하기 → 조사할 내용 정하기 → 조사하기 → 조사한 내용 정리하기

(2) 조사 계획서 작성하기

① 지역의 달라진 모습을 조사하기 전에 조사 계획서를 작성합니다.
② 조사 계획서에 들어갈 내용: 조사 주제, 조사 방법, 조사할 내용, 주의할 점 등이 들어가야 합니다.

2 지역의 달라진 모습 조사하기

인터넷 이용하기	• 지역의 시·군·구청 누리집이나 지역 문화원 누리집에 방문합니다. • 지역의 사진이나 영상 자료, 신문 기사를 찾아봅니다.
문헌 찾아보기	• 도서관에서 우리 지역의 유래, 지역에 전해 내려오는 옛이야기 등을 담은 책을 찾아봅니다. • 지역 신문을 찾아봅니다.
지역 어른께 여쭈어보기	지역에서 오래 사셨거나 지역에 대해 잘 알고 계신 어른께 지역의 달라진 모습을 여쭈어봅니다.
장소 방문하기	박물관이나 지역의 문화원 등 지역과 관련된 장소를 직접 방문합니다.

3 지역의 달라진 모습을 조사한 내용 정리하기

(1) 조사한 내용을 정리하는 방법: 조사 보고서로 정리하기, 그림으로 정리하기 등 다양한 방법으로 정리할 수 있습니다.

(2) 조사 보고서 작성하기

① 지역의 달라진 모습을 조사한 후 조사 보고서를 작성합니다.
② 조사 보고서에 들어갈 내용: 조사 주제, 조사 방법, 조사한 내용, 알게 된 점, 느낀 점 등이 들어갈 수 있습니다.

📖 정답과 해설 • 9쪽

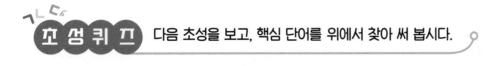 다음 초성을 보고, 핵심 단어를 위에서 찾아 써 봅시다.

❶ 지역의 달라진 모습을 조사하기 전에 조사 ㄱ ㅎ ㅅ 를 작성합니다.

❷ 지역의 달라진 모습을 조사하기 위해 지역에 대해 잘 알고 계신 ㅇ ㄹ 께 여쭈어봅니다.

1 다음은 지역의 달라진 모습을 조사하는 과정입니다. 순서대로 기호를 나열하시오.

> ㉠ 조사하기   ㉡ 조사 방법 정하기   ㉢ 조사할 내용 정하기
> ㉣ 조사할 주제 정하기   ㉤ 조사한 내용 정리하기

(→   →   →   →   )

2 지역의 달라진 모습을 조사하는 계획서에 들어갈 내용을 <u>잘못</u> 말한 어린이는 누구인지 쓰시오.

> • 수안: 조사 주제가 들어가야 해.   • 진수: 조사할 내용이 들어가야 해.
> • 정민: 알게 된 점이 들어가야 해.

(   )

3 지역의 달라진 모습을 조사하는 방법으로 알맞지 <u>않은</u> 것은 어느 것입니까? (   )

① 지역의 문화원 방문하기   ② 시·군·구청 누리집 방문하기
③ 지역에 오래 사신 분께 여쭈어보기   ④ 지역에 처음 방문한 사람에게 물어보기
⑤ 도서관에서 지역의 옛이야기가 담긴 책 찾아보기

4 다음 그림은 어떤 방법으로 지역의 달라진 모습을 조사하고 있는 모습입니까?

(   )

① 책 찾아보기
② 장소 방문하기
③ 인터넷 이용하기
④ 신문 기사 찾아보기
⑤ 지역 어른께 여쭈어보기

19일차 핵심

❶ 지역의 달라진 모습을 조사할 때 조사 방법을 정한 후에는 조사할 내용을 정해야 합니다. (O , X)

❷ 시·군·구청 누리집에 방문하면 지역의 달라진 모습을 조사할 수 있습니다. (O , X)

20 지역의 달라진 모습 살펴보고 소개하기

 오늘 배울 개념 미리 보기

1 지역의 달라진 모습을 보여 주는 자료 찾기

2 지역의 달라진 모습 살펴보기

3 지역 사람들의 달라진 생활 모습 살펴보기

4 지역의 달라진 모습 소개하기

 오늘 배울 용어 알아보기

사진	생활 모습
(寫 베낄 **사**, 眞 참 **진**)	(生 날 **생**, 活 살 **활**, 模 법 **모**, 襲 엄습할 **습**)

뜻 물체를 베껴서 진짜처럼 보이게 한 형상

예 지역의 옛날 사진과 오늘날 **사진**을 살펴보면 지역의 달라진 모습을 알 수 있습니다.

뜻 일정한 환경에서 활동하며 살아가는 모습

예 지역의 달라진 모습을 살펴보면 지역 사람들의 달라진 **생활 모습**을 이해할 수 있습니다.

1 지역의 달라진 모습을 보여 주는 자료 찾기

증언

← 할머니

옛날 수원의 모습을 알려 주세요.

옛날에는 논밭이 많았단다.

특히 기억에 남는 모습이 있나요?

수원천에서 빨래와 물놀이를 한 것이 기억에 남아.

영상

0:00 / 21:20

구독

1950년대 수원 팔달문 앞의 모습을 보여 주는 영상이야. 흙길로 되어 있는 큰 도로를 볼 수 있어.

책

옛날에 수원은 바다를 접하고 있었습니다. '수원'이란 '수' 자와 고을을 뜻하는 '원' 자가 합쳐진 말로, '물이 많은 고을'이라는 뜻입니다. 수원이라는 지명은 오늘날까지 이어져 내려오고 있습니다.

사진

옛날 수원천에서 빨래를 하던 모습입니다.

핵심콕! • 증언, 영상, 책, 사진 등을 통해 지역의 달라진 모습을 살펴볼 수 있습니다.

2 지역의 달라진 모습 살펴보기

경기도 수원시의 달라진 모습을 사진으로 살펴봐.

옛날의 수원 모습

수원 팔달문 주변에 낮은 건물들과 좁은 도로들이 있었습니다.

오늘날의 수원 모습

높은 건물과 넓은 도로를 볼 수 있지만 수원 팔달문은 옛날 모습 그대로입니다.

옛날의 수원 모습	오늘날의 수원 모습

도로에 자동차가 보이지 않고 소달구지가 도로에 다녔습니다.	도로가 넓어지고 도로에 다니는 자동차가 많아졌습니다.
옛날의 수원 모습	오늘날의 수원 모습

논밭이 넓게 펼쳐져 있고 초가집이 많았습니다.	공장 단지가 들어섰고 아파트가 많아졌습니다. ⌐ 주택, 공장 등이 집단을 이루고 있는 곳

옛날에는 소달구지가 다니던 도로에 오늘날에는 자동차가 다니네.

옛날에 있던 초가집이 사라지고 아파트가 새로 생겼네.

경기도 수원시의 달라진 모습 정리하기

이어져 내려온 것	• 수원 팔달문은 옛날 모습 그대로 이어져 내려오고 있습니다. • 도로의 모습은 변하였지만 도로를 이용한다는 것은 이어져 내려오고 있습니다.
사라진 것	• 논밭이 사라졌습니다. • 초가집이 사라졌습니다.
새롭게 생겨난 것	공장 단지와 아파트가 새롭게 생겼습니다.

앞으로 수원이 어떻게 변하게 될지 궁금하네.

핵심 콕!

• 지역의 달라진 모습을 살펴보면 옛날 모습이 그대로 **이어져 내려온 것**, 달라져서 이어져 내려온 것, **사라진 것**이 있고, 오늘날 **새롭게 생겨난 것**이 있습니다.

3 지역 사람들의 달라진 생활 모습 살펴보기

오늘날까지 이어져 내려온 모습, 사라지거나 새롭게 생겨난 모습을 살펴보면 지역 사람들의 달라진 생활 모습을 알 수 있어.

옛날 지역 사람들의 생활 모습

↑ 도로에서 소를 끌고 다녔습니다.

↑ 사람들이 초가집에서 많이 살았습니다.

↑ 논과 밭에서 농사짓는 사람들이 많았습니다.

↓

오늘날 지역 사람들의 생활 모습

↑ 넓은 도로에 자동차를 타고 다니는 사람이 많습니다.

↑ 아파트에서 생활하는 사람이 많습니다.

↑ 공장이나 회사에서 일하는 사람이 많습니다.

 핵심 콕!
• 지역의 달라진 모습을 살펴보면 지역 사람들의 달라진 **생활 모습**을 이해할 수 있습니다.

4 지역의 달라진 모습 소개하기

옛날에는 도로에 소달구지가 다녔고, 오늘날에는 넓은 도로에 자동차가 많습니다.

다른 친구들의 소개를 들을 때는 서로의 생각과 표현을 존중해야 해.

→ 높이어 귀중하게 대함.

소개하는 방법

그림 그리기, 사진전 열기, 노래 바꾸어 부르기, 뉴스 대본 만들기 등 다양한 방법으로 표현하여 소개할 수 있습니다.

 핵심 콕!
• 다양한 방법으로 지역의 달라진 모습을 소개하면 **지역의 변화와 지역 사람들의 달라진 생활 모습**을 **쉽게 이해**할 수 있습니다.

 **개념 정리하기**

1 지역의 달라진 모습을 보여 주는 자료 찾기

(1) **지역의 달라진 모습을 보여 주는 자료**: 증언, 영상, 책, 사진 등이 있습니다.

(2) **수원의 옛날 자료를 통해 알 수 있는 점**: 옛날 수원의 모습, 수원 지명의 유래, 옛날 수원 사람들의 생활 모습 등을 알 수 있습니다.

2 지역의 달라진 모습 살펴보기 ⑩ 경기도 수원시

이어져 내려온 것	수원 팔달문은 옛날 모습 그대로 이어져 내려오고 있습니다.
사라진 것	논밭과 초가집이 사라졌습니다.
새롭게 생겨난 것	아파트와 공장 단지가 새롭게 생겨났습니다.

3 지역 사람들의 달라진 생활 모습 살펴보기

옛날	오늘날
• 도로에서 소를 끌고 다녔습니다. • 사람들이 초가집에서 많이 살았습니다. • 논과 밭에서 농사짓는 사람들이 많았습니다.	• 넓은 도로에 자동차를 타고 다니는 사람들이 많습니다. • 아파트에서 생활하는 사람들이 많습니다. • 공장이나 회사에서 일하는 사람들이 많습니다.

4 지역의 달라진 모습 소개하기

소개하는 방법	그림 그리기, 사진전 열기, 노래 바꾸어 부르기, 뉴스 대본 만들기, 동영상 찍기 등이 있습니다.
소개하기의 좋은 점	지역의 변화와 지역 사람들의 달라진 생활 모습을 쉽게 이해할 수 있습니다.

초성퀴즈 다음 초성을 보고, 핵심 단어를 위에서 찾아 써 봅시다.

📖 정답과 해설 • 10쪽

❶ 증언, 영상, 책, 사진 등을 통해 지역의 달라진 모습을 살펴보면 옛날 지역 사람들의 ㅅ ㅎ ㅁ ㅅ 을 알 수 있습니다.

❷ ㅇ ㄴ 에는 사람들이 초가집에서 많이 살았지만 ㅇ ㄴ ㄴ 에는 아파트에서 생활하는 사람들이 많습니다.

1 지역의 달라진 모습에 대해 바르게 말한 어린이를 모두 골라 이름을 쓰시오.

> • 윤찬: 옛날 모습이 사라진 것도 있어.
> • 예진: 오늘날 새롭게 생겨난 것도 있어.
> • 가인: 옛날 모습 그대로 이어져 내려오는 모습은 없어.

( )

2 옛날 사람들의 생활 모습으로 알맞은 것을 두 가지 고르시오. (,)

① 공장에서 일하는 사람들이 많았다.
② 사람들이 초가집에서 많이 살았다.
③ 아파트에서 생활하는 사람들이 많았다.
④ 논과 밭에서 농사짓는 사람들이 많았다.
⑤ 넓은 도로에 자동차를 타고 다니는 사람들이 많았다.

3 다음 ( ) 안에 들어갈 알맞은 말을 쓰시오.

> 지역의 달라진 모습을 살펴보면 지역 사람들의 달라진 ( )을/를 이해할 수 있습니다.

( )

4 다음 그림과 같이 지역의 달라진 모습을 소개하는 방법은 무엇입니까? ( )

① 사진전 열기
② 노래 바꾸어 부르기
③ 동영상을 찍어 소개하기
④ 그림으로 그려 소개하기
⑤ 뉴스 대본 만들어 소개하기

20일차 **핵심**

❶ 지역의 모습은 옛날 모습 그대로 이어져 내려오기만 합니다. (O , X)

❷ (옛날 , 오늘날)에는 공장이나 회사에서 일하는 사람들이 많습니다.

2. 일상에서 만나는 과거

10~11일차

시간을 표현하는 말, 시간의 흐름을 표현하는 방법

- **시간을 표현하는 다양한 말**: 과거, 옛날, 현재, 오늘날, 미래, 훗날, 년대, 시대 등
- **시간을 표현하는 말을 보고 알 수 있는 점**: 과거와 현재의 일을 알고 (㉠   )의 일을 짐작해 볼 수 있음.
- **시간의 흐름을 표현하는 방법**: 연표, 생활 계획표, 달력, 학급 시간표 등

12일차

나와 가족, 우리 학교의 중요한 일 떠올리고 조사하기

- **나에게 일어난 중요한 일 조사 방법**: 일기, 사진, 영상, 주변 어른께 여쭤어보기, 주변 어른들이 남긴 (㉡   ) 살펴보기
- **학교에서 일어난 중요한 일 조사 방법**: 학교 누리집, 학교 역사관, 학교 졸업 사진첩 등 찾아보기

13일차

연표와 이야기책 만들기

- 나의 성장 (㉢   )를 만들면 나에게 중요한 일이 언제 일어났는지 알 수 있음.
- 나의 이야기책은 일상의 경험과 생각이 잘 드러나도록 표현함.

14~15일차

오래된 물건이나 자료

- **오래된 물건과 건축물, 자료**

오래된 물건과 건축물	애장품, 무선 호출기, 맷돌, 요강, 카세트테이프, (㉣)과 빨랫방망이, 토큰, 기와집, 초가집 등
오래된 자료	일기, 노랫말, 신문 기사, 사진, 증언, 편지, 책 등

- **알 수 있는 점**: 옛날 사람들의 생활 모습을 짐작할 수 있음.

16~17일차

오래된 물건이나 자료 찾아 소개하고 발표하기

- **오래된 물건이나 자료를 찾는 방법**: 집이나 주변에서 가져오기, 박물관이나 민속촌에서 사진으로 찍어 오기, 주변 어른께 여쭤어보기, 인터넷으로 찾아보기
- **소개하기**: 내가 찾은 오래된 물건이나 자료는 특징과 (㉤   )를 중심으로 소개함.
- **발표하기**: 오래된 물건이나 자료에서 살펴본 과거의 모습을 정리하여 발표함.

18일차

지역의 달라진 모습 살펴보기

옛날과 오늘날 지역의 사진과 영상, 증언, 지도, 옛이야기, 지명 등을 보면 지역의 달라진 모습과 지역 사람들의 (㉥   ) 등을 알 수 있음.

19일차

지역의 달라진 모습 조사하기

- **조사 과정**: 주제 정하기 → 조사 방법 정하기 → 조사할 내용 정하기 → 조사하기 → 조사한 내용 정리하기
- **조사 방법**: 인터넷 이용하기, (㉦   ) 찾아보기, 지역 어른께 여쭤어보기, 장소 방문하기

20일차

지역의 달라진 모습 살펴보고 소개하기

- 옛날 모습이 이어져 내려온 것, (㉧   ) 것, 새롭게 생겨난 것이 있음.
- 그림 그리기, 사진전 열기 등으로 소개할 수 있음.

정답 ㉡ 미래 ㉢ 기록 ㉣ 성장표 ㉤ 빨래판 ㉥ 생활 모습 ㉦ 옛날 신문 ㉧ 사라진 ㉨ 달라진 ㉩ 사라진

1 시간의 흐름을 알 수 있는 것으로 알맞은 것을 두 가지 고르시오. (,)

① 하늘이 흐려지더니 비가 내렸다.
② 봄에서 여름으로 계절이 바뀌었다.
③ 운동장에서 친구들과 축구를 하였다.
④ 시장에서 다양한 물건들을 팔고 있다.
⑤ 작년에는 8살이었는데 올해는 9살이 되었다.

중요

2 다음 일기의 ㉠~㉤ 중 시간을 표현하는 말로 알맞지 않은 것은 어느 것입니까? ( )

㉠ 2025년 5월 21일 수요일 날씨 맑음
도서관에서 과거 교통수단에 관한 책을 읽었다. ㉡ 옛날에는 말과 같은 동물을 타고 ㉢ 이동하였다고 한다. 오늘날보다는 이동할 때 불편한 점이 있었을 것 같다. ㉣ 미래에는 어떤 교통수단이 등장할까? 하늘을 나는 자동차가 나타날까? 먼 ㉤ 훗날의 교통수단이 어떤 모습일지 정말 궁금하다.

① ㉠   ② ㉡   ③ ㉢
④ ㉣   ⑤ ㉤

서술형

3 연표를 보고 알 수 있는 점을 한 가지만 쓰시오.

_____

_____

4 다음에서 설명하는 시간의 흐름을 표현한 자료는 무엇인지 쓰시오.

1년 동안의 월, 일, 요일 등을 날짜에 따라 적어 놓은 것으로, 생일이나 약속처럼 특별한 날을 기록할 수 있습니다.

( )

5 나에게 일어난 중요한 일을 조사하는 방법으로 알맞지 않은 것은 어느 것입니까? ( )

① 주변 어른께 여쭈어보기
② 예전에 쓴 일기 살펴보기
③ 어린 시절 사진 살펴보기
④ 주변 어른들이 남긴 기록 살펴보기
⑤ 미래의 내 모습을 상상한 그림 그려 보기

6 다음은 나의 성장 연표를 만드는 과정입니다. 순서대로 기호를 나열하시오.

㉠ 나에게 일어난 중요한 일 떠올리기
㉡ 연표의 제목을 붙여 연표 완성하기
㉢ 언제 일어난 일인지 사건의 순서 확인하기
㉣ 연표에 연도를 표시하고, 각 연도에 일어난 일을 순서대로 쓰기

(→ → →)

7 가족의 연표를 만들 때의 좋은 점으로 알맞은 것은 어느 것입니까? ( )

① 우리 학교의 역사를 알 수 있다.
② 우리 학교의 미래 모습을 상상할 수 있다.
③ 친구가 좋아하는 일이 무엇인지 알 수 있다.
④ 우리 가족이 겪었던 일들의 흐름을 알 수 있다.
⑤ 친구에게 중요한 일이 언제 일어났는지 알 수 있다.

8 오래된 물건과 설명이 잘못 연결된 것은 어느 것입니까? (   )

① 무선 호출기 – 아기가 입는 옷
② 맷돌 – 곡식을 갈 때 사용하는 도구
③ 요강 – 방 안에서 오줌을 눌 때 사용하는 그릇
④ 빨래판과 빨랫방망이 – 빨래할 때 사용하는 도구
⑤ 카세트테이프 – 카세트에 넣어 음악이나 소리를 들을 수 있는 물건

9 다음 물건을 보고 알 수 있는 과거의 모습으로 알맞은 것은 어느 것입니까? (   )

① 옛날에는 교통수단이 없었다.
② 옛날에는 화장실이 집 밖에 있었다.
③ 옛날에는 버스를 타고 다니지 않았다.
④ 옛날에는 집에서 밥을 만들어 먹지 않았다.
⑤ 옛날에는 버스를 탈 때 돈이나 교통 카드 대신 동전 모양의 물건을 냈다.

중요
10 오래된 물건이나 자료에서 알 수 있는 점을 바르게 말한 어린이를 모두 골라 이름을 쓰시오.

• 현성: 자료가 쓰여진 당시의 상황을 알 수 있어.
• 태윤: 오늘날 사람들의 생활 속 지혜를 알 수 있어.
• 수민: 물건을 사용하던 옛날 사람들의 생활 모습을 알 수 있어.

(   )

11 다음 보기 에서 오래된 물건이나 자료를 찾는 방법으로 알맞은 것을 모두 골라 기호를 쓰시오.

보기
㉠ 인터넷으로 찾아보기
㉡ 주변 어른께 여쭈어보기
㉢ 집에서 물건을 만들어 가져오기
㉣ 높은 곳에서 우리 동네 내려다보기

(   )

12 오래된 물건이나 자료를 찾을 때 주의해야 할 점을 두 가지 고르시오. (,   )

① 설명을 들을 때 딴짓을 한다.
② 오래된 물건을 마음대로 가져간다.
③ 설명을 들을 때 내용을 글로 적는다.
④ 오래된 물건이나 자료를 함부로 다룬다.
⑤ 오래된 물건이나 자료의 주인에게 사진을 찍어도 되는지 허락을 받는다.

13 오래된 물건이나 자료를 옷과 관련 있는 자료로 정리하려고 할 때 선택해야 할 물건이나 자료로 알맞은 것은 어느 것입니까? (   )

① 맷돌   ② 요강
③ 절구   ④ 배냇저고리
⑤ 기와집 사진

◀ 서술형
14 오래된 물건이나 자료에서 과거의 모습을 살펴볼 때 그 설명이 서로 다른 까닭을 쓰시오.

_____

_____

15 지역의 달라진 모습을 살펴볼 수 있는 자료로 알맞지 <u>않은</u> 것은 어느 것입니까? (   )

① 지역의 옛이야기와 지명
② 옛날과 오늘날 지역의 지도
③ 옛날과 오늘날 지역의 영상
④ 지역을 잘 아는 어른의 증언
⑤ 지역의 미래 모습을 상상하여 그린 그림

16 다음 (   ) 안에 공통으로 들어갈 알맞은 말을 쓰시오.

> 경기도 화성시 (   )동은 옛날에 서울에서 다른 지역으로 가거나 다른 지역에서 서울로 가는 사람들이 많이 지나던 곳이었습니다. 그래서 이 지역에는 오가는 사람들에게 떡을 파는 가게가 하나둘씩 생겨났습니다. 그 뒤로 이 지역을 떡을 뜻하는 글자와 가게를 뜻하는 글자를 합쳐서 (   )(이)라고 부르게 되었습니다.

(   )

17 다음은 지역의 달라진 모습을 조사하는 과정입니다. 가장 먼저 해야 할 일로 알맞은 것은 어느 것입니까? (   )

① 조사할 주제를 정한다.
② 조사할 방법을 정한다.
③ 조사할 내용을 정한다.
④ 조사한 내용을 정리한다.
⑤ 지역의 달라진 모습을 조사한다.

18 다음 (   ) 안에 들어갈 알맞은 말을 <u>두 가지</u> 고르시오. (,   )

> (   ) 누리집에 방문하여 지역의 달라진 모습을 조사할 수 있습니다.

① 기상청
② 시·군·구청
③ 대형 할인점
④ 지역의 문화원
⑤ 다른 나라에 있는 학교

◀ 서술형

19 다음은 옛날과 오늘날의 경기도 수원 모습이 나타나 있는 사진입니다. 사진에서 옛날 모습이 오늘날에 그대로 이어져 내려온 것을 쓰시오.

↑ 수원 팔달문 주변 옛날 모습   ↑ 수원 팔달문 주변 오늘날 모습

_____

_____

20 다음 설명이 옛날 지역 사람들의 생활 모습이면 '옛', 오늘날 지역 사람들의 생활 모습이면 '오'라고 쓰시오.

(1) 아파트에서 생활하는 사람들이 많습니다. (   )

(2) 논과 밭에서 농사짓는 사람들이 많습니다. (   )

(3) 도로에서 소달구지를 많이 볼 수 있습니다. (   )

(4) 공장이나 회사에서 일하는 사람들이 많습니다. (   )

한 권으로 끝내기!
교과서 학습부터 평가 대비까지 한 권으로 끝!
사회 공부의 진리입니다.

한끝과 함께 언제 , 어디서든 즐겁게 공부해!

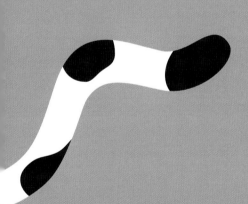

한끝

정답과 해설

초등 사회 **3·1**

visang

우리는 남다른 상상과 혁신으로
교육 문화의 새로운 전형을 만들어
모든 이의 행복한 경험과 성장에 기여한다

ABOVE IMAGINATION

우리는 남다른 상상과 혁신으로
교육 문화의 새로운 전형을 만들어
모든 이의 행복한 경험과 성장에 기여한다

한끝

정답과 해설

초등사회

3·1

정답과 해설 진도책

1 일차 우리 주변의 장소 살펴보기

초성퀴즈   13쪽
① 장소   ② 도서관   ③ 경험

문제로 확인하기   14쪽
1 장소   2 ②   3 ①, ③   4 ㉠

1일차 핵심   ① 장소   ② ○

1 장소는 사람들이 주로 이용하거나 우리가 사는 곳을 이루는 부분으로 산, 강, 학교, 병원 등이 있습니다.

2 시장은 필요한 물건을 사고팔거나 맛있는 음식을 먹을 수 있는 장소입니다.

3 ② 친구들과 공부하고 즐겁게 놀았던 곳은 학교입니다. ④ 재미있는 책을 마음껏 읽을 수 있어서 좋은 곳은 도서관입니다. ⑤ 가족과 산책을 하고 와서 기분이 좋았던 곳은 공원입니다.

4 산은 나무가 우거져서 아름다운 경치를 볼 수 있는 곳입니다.

2 일차 장소에서의 경험과 느낌 표현하기

초성퀴즈   19쪽
① 다양   ② 주제   ③ 상상

문제로 확인하기   20쪽
1 경험   2 ㉡   3 ⑤   4 ②, ③

2일차 핵심   ① 다릅니다   ② ○

1 우리 주변의 여러 장소에서 경험한 일과 느꼈던 감정은 사람마다 다를 수 있습니다.

2 동시로 장소를 표현하는 순서는 ㉡ → ㉢ → ㉠입니다.

3 제시된 자료는 학교에서 집까지 가는 길을 중심으로 생각나는 장소를 그린 그림지도입니다.

4 ① 장소에서의 경험과 느낌을 표현할 때 상상 속의 장소가 아닌 실제로 있는 장소를 표현해야 합니다. ④ 장소를 표현할 때 나의 느낌을 잘 드러낼 수 있는 색으로 칠해야 합니다. ⑤ 장소에서 보고 느낀 모든 것은 그림에 모두 표현하지 않아도 됩니다.

3 일차 장소에서의 경험과 느낌 소개하기

초성퀴즈   25쪽
① 소개   ② 장소   ③ 관심

문제로 확인하기   26쪽
1 ②   2 박물관   3 ㉠

3일차 핵심   ① ○   ② ○

1 재미있고 가장 좋아하는 장소인 놀이터를 그림으로 표현하여 친구들에게 소개하고 있습니다.

2 가장 좋아하는 장소인 박물관을 ☆로 표시하였습니다.

3 장소에서의 경험과 느낌을 바탕으로 그 장소를 생각하고 관심을 갖게 됩니다.

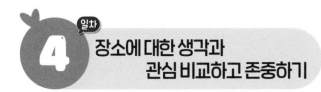

4 _{일차} 장소에 대한 생각과 관심 비교하고 존중하기

문제로 확인하기   32쪽

1 놀이터   2 ②, ⑤   3 존중

4 일차 핵심   ❶ ×   ❷ ○

1 예나와 준호는 놀이터에서의 경험을 그림으로 표현하였습니다.

2 예나와 준호가 그림으로 표현한 장소는 놀이터입니다. 예나에게 놀이터는 친구들과 재미있게 노는 장소이기 때문에 즐겁고 신나는 곳이지만, 준호는 놀이터에서 놀다가 다친 적이 있어서 울었던 장소로 그렸습니다.

3 우리가 장소에 대해 갖는 생각과 관심은 비슷하기도 하지만 다를 수 있으므로 장소에 대해 더 관심을 갖고 이해하고 존중하는 자세가 필요합니다.

5 _{일차} 우리 생활에 도움을 주는 장소

문제로 확인하기   38쪽

1 도움   2 ③, ④   3 ④   4 ㄹ

5 일차 핵심   ❶ ○   ❷ 미술관

1 우리 주변에는 우리의 생활에 편리함과 도움을 주는 여러 장소가 있습니다.

2 ① 공원, ② 체육관은 사람들이 놀이나 여가를 즐길 때 이용하는 장소입니다.

3 보건소는 각종 질병을 예방하고, 건강 관련 정보를 제공하는 장소입니다. ① 박물관, ② 미술관은 문화 생활과 관련된 장소이고, ③ 편의점은 생활에 필요한 물건을 살 때 이용하는 장소입니다. 또한 ⑤ 행정 복지 센터는 사람들의 편리한 생활을 돕는 장소입니다.

4 사람들이 다른 곳으로 이동할 때 이용하는 장소에는 기차역, 버스 터미널, 전철역 등이 있습니다.

6 _{일차} 우리가 사는 곳 살펴보기

문제로 확인하기   44쪽

1 ㉠   2 민수   3 디지털 영상지도
4 ⑤

6 일차 핵심   ❶ ○   ❷ ×

1 여러 장소를 직접 돌아다니면서 장소에 있는 사람들과 대화를 통해 장소에 대해 자세히 알아볼 수 있습니다.

2 우리가 사는 곳의 시청·군청·구청 누리집에 들어가서 우리가 사는 곳의 장소를 검색하면 장소의 사진이나 영상을 살펴볼 수 있습니다.

3 디지털 영상지도는 위성 사진이나 항공 사진을 여러 장 모아서 만든 지도입니다.

4 ⑤ 우리가 사는 곳을 직접 돌아다니며 살펴볼 때의 특징입니다.

정답과 해설

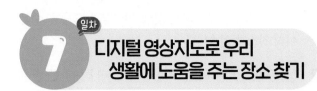

디지털 영상지도로 우리 생활에 도움을 주는 장소 찾기

초성퀴즈 49쪽

① 위치 **②** 확대 **③** 전체

문제로 확인하기 50쪽

1 ④ **2** © **3** ㉠ 전체, ㉡ 자세한

7일차 핵심 **①** ○ **②** ○

1 (개)는 장소 찾기 기능입니다. 디지털 영상지도 화면의 검색창에 장소 이름이나 주소를 쓰고, 돋보기 단추를 누르면 장소의 위치와 모습이 표시됩니다.

2 (내)는 위치 이동하기 기능입니다. 디지털 영상지도에서 위치 이동하기 기능을 활용하면 주변에 어떤 장소가 있는지 알 수 있습니다.

3 – 단추를 눌러 지도를 축소하면 장소의 전체 모습을 살펴볼 수 있고, + 단추를 눌러 지도를 확대하면 장소의 자세한 모습을 살펴볼 수 있습니다.

1 우리가 사는 곳을 답사하면 우리가 사는 곳의 특징을 알 수 있습니다.

2 ⑤ 새롭게 알게 된 점은 답사한 후 답사 보고서에서 정리하는 내용입니다.

3 답사할 때 주의할 점으로 항상 보호자와 함께 다니기, 답사하면서 위험한 행동 하지 않기, 설명을 들을 때 집중하고 빠짐없이 기록하기 등이 있습니다. © 답사 보고서에는 우리가 사는 곳의 좋은 점과 불편한 점을 모두 기록합니다.

4 (개)는 답사 결과 정리하기 단계로, 답사한 내용을 답사 보고서로 정리한 후 친구들 앞에서 발표할 수 있습니다.

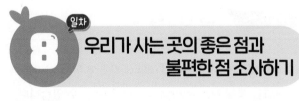

우리가 사는 곳의 좋은 점과 불편한 점 조사하기

초성퀴즈 55쪽

① 답사 **②** 계획 **③** 보고서

문제로 확인하기 56쪽

1 답사 **2** ⑤ **3** ㉠, ㉡ **4** ②, ⑤

8일차 핵심 **①** ○ **②** 답사 보고서

우리가 사는 곳을 더 살기 좋게 만들기

초성퀴즈 61쪽

① 편리 **②** 관심

문제로 확인하기 62쪽

1 살기 좋은 곳 **2** ① **3** ©

9일차 핵심 **①** ○ **②** ○

1 살기 좋은 곳이란 우리가 사는 곳에 불편한 점이 없고, 다양한 시설이 잘 갖추어진 곳을 말합니다.

2 우리가 살기 좋은 곳은 학교 주변이 안전한 곳으로, 안전을 위해 학교 주변 인도 옆에 울타리를 설치할 수 있습니다.

3 제시된 그림은 우리가 사는 곳을 더 살기 좋게 만들 방안을 알리기 위해 사회 관계망 서비스(SNS) 또는 누리집에 의견을 올리고 있는 모습입니다.

단원 평가 1~9일차 1. 우리가 사는 곳 64~66쪽

1 ①　　　2 ⑤　　　3 ㉠, ㉣
4 수영장, 문구점, 분식집
5 (모범 답안) 동시의 주제를 정하고 주제에 알맞은 장소를 선택한다.
6 ②　　　7 ①
8 (모범 답안) 장소에서의 경험과 느낌을 바탕으로 그 장소를 생각하고 관심을 가지게 된다.
9 놀이터　　　10 ①, ②　　　11 ㉠, ㉡
12 ④　　　13 ④
14 (모범 답안) 사람들이 건강하게 생활할 수 있도록 도와준다.
15 ③, ④　　　16 디지털 영상지도
17 ③　　　18 ⑤
19 ㉡ → ㉠ → ㉢　　　20 ③

1 학교는 친구들과 함께 공부하고, 운동장에서 재미있게 놀 수 있는 곳입니다.

2 ①은 병원, ②는 공원, ③은 수영장, ④는 문구점에서의 경험입니다.

3 ㉡ 표현할 장소가 떠오르지 않는다면 일기장이나 사진 등으로 살펴볼 수 있습니다. ㉢ 그림지도를 그릴 때는 주변의 모든 장소를 다 그리지 않아도 됩니다.

4 내가 좋아하는 장소인 수영장, 문구점, 분식집을 동

시로 표현하였습니다.

5 장소에서의 경험과 느낌을 동시로 표현할 때 가장 먼저 해야할 일은 동시의 주제를 정하고 주제에 알맞은 장소를 골라야 합니다.

채점 기준	
상	주제를 정하고 주제에 알맞은 장소를 선택한다고 바르게 서술한 경우
하	장소를 고른다고만 서술한 경우

6 ② (개) 그림지도보다 (내) 그림지도에 더 많은 장소가 그려져 있습니다.

7 내가 좋아하고 자주 가는 여러 장소들을 친구들에게 책(집는 책)으로 소개하고 있습니다.

8 친구들이 소개한 내용을 들어 보면, 친구들이 그 장소를 어떻게 생각하는지 알 수 있고, 우리는 장소를 생각하고 관심을 가지게 됩니다.

채점 기준	
상	장소에 대해 생각하고 관심을 가지게 된다고 바르게 서술한 경우
하	생각과 관심이라는 단어를 넣어 간단히 서술한 경우

9 제시된 두 자료는 놀이터를 그림으로 표현한 것입니다.

10 제시된 두 자료는 놀이터의 경험과 느낌을 그림으로 다르게 표현하고 있는 것입니다.

11 친구들이 소개한 작품을 비교해 보면, 사람마다 장소에서의 경험과 관심이 다르고 장소에 대한 생각과 느낌도 다르다는 것을 알 수 있습니다.

12 (개) 불을 끄고 응급 환자를 구조하는 곳은 소방서이고, (내) 범죄를 예방하고 교통질서를 유지하는 곳은 경찰서입니다.

13 소방서와 경찰서는 사람들이 안전하게 생활할 수 있도록 도와주는 장소입니다.

14 병원, 보건소는 각종 질병을 예방하고 치료하는 곳으로, 모든 사람들이 건강하게 생활할 수 있도록 도와줍니다.

채점 기준	
상	사람들이 건강하게 생활할 수 있도록 도와준다고 바르게 서술한 경우
하	건강을 넣어 간단히 서술한 경우

15 직접 돌아다니면서 장소에 있는 사람들과 대화하며 그 장소에 대해 자세히 알 수 있습니다. ①, ②, ⑤ 디지털 영상지도에 대한 설명입니다.

16 디지털 영상지도는 우주에 떠 있는 인공위성과 비행기에서 찍은 사진과 영상을 이용해 만든 지도입니다.

17 디지털 영상지도에서 + 단추를 누르면 지도가 확대되고, − 단추를 누르면 지도가 축소됩니다. 장소의 전체 모습은 지도를 축소했을 때 살펴볼 수 있습니다.

18 ⓜ은 답사할 때 주의할 점입니다. 새롭게 알게 된 점은 답사 보고서에 들어가는 내용입니다.

19 답사 계획 세우기 단계에서 답사 계획서를 작성하고, 답사 결과 정리하기 단계에서 답사 보고서를 작성합니다.

20 우리가 사는 곳을 더 살기 좋게 만들 방안을 알릴 수 있는 방법에는 홍보 활동하기, 홍보판 만들기, 사회 관계망 서비스(SNS) 또는 누리집에 의견 올리기 등이 있습니다.

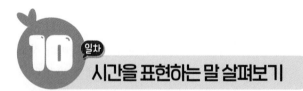
10 일차 시간을 표현하는 말 살펴보기

초성퀴즈 71쪽
❶ 시간 ❷ 년대 ❸ 달력

문제로 확인하기 72쪽
1 ①, ④ **2** ㉠, ㉢ **3** 시대 **4** ①

10일차 핵심 ❶ 현재 ❷ ✕

1 시간은 눈에 보이지 않지만 항상 흐르고 있습니다. 계절이 바뀌는 것, 시곗바늘이 움직이는 것, 내가 태어나서 성장하는 것, 해가 뜨고 날짜가 바뀌는 것 등을 보면 시간의 흐름을 알 수 있습니다.

2 과거와 옛날은 지나간 시간을 표현하는 말입니다. ㉢ 미래는 앞으로 다가올 시간을 표현하는 말, ㉣ 오늘날은 지금의 시간을 표현하는 말입니다.

3 시대는 역사적으로 어떤 기준에 따라 구분한 일정한 기간을 나타내는 용어로, 시간의 흐름을 쉽게 이해하려고 사용합니다.

4 제시된 그림에 나타난 자료는 달력입니다. 달력은 1년 동안의 날짜를 적어 놓은 것으로, 그 해의 연도, 월, 일, 요일 등 시간을 표현하는 말을 찾아볼 수 있습니다.

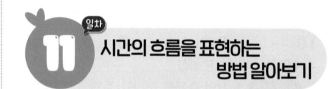
11 일차 시간의 흐름을 표현하는 방법 알아보기

초성퀴즈 77쪽
❶ 연표 ❷ 시간 ❸ 생활 계획표

문제로 확인하기 78쪽
1 연표 **2** ㉡, ㉣ **3** ①, ④
4 학급 시간표

11일차 핵심 ❶ ○ ❷ 달력

1 연표는 옛날에 있었던 중요한 일들을 시간의 흐름에 따라 표로 정리한 것입니다. 옛날에 있었던 일들을 시간의 순서에 따라 나타낼 때 연표를 많이 사용합니다.

2 연표를 보면 중요한 일이 무엇인지 알 수 있고, 그 일이 언제 일어났는지 알 수 있습니다.

3 달력, 생활 계획표, 학급 시간표 등을 보면 시간의 흐름을 알 수 있습니다.

4 학급 시간표는 학급에서 시간별로 공부하는 과목을 적은 표입니다. 학급 시간표를 보면 학교에서 다음 시간에 무엇을 배우는지 알 수 있습니다.

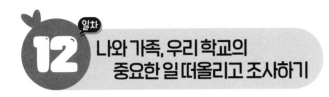

12 일차 나와 가족, 우리 학교의 중요한 일 떠올리고 조사하기

조성퀴즈 83쪽

1 일기 2 중요

문제로 확인하기 84쪽

1 수현   2 ㉠, ㉢, ㉣   3 ⑤
4 (1) ○ (2) ○ (3) ✕

12 일차 핵심   1 ○   2 변화

1 서미는 앞으로 하고 싶은 일에 대해 이야기하고 있으므로, 나에게 일어난 중요한 일을 말한 것이 아닙니다.

2 ㉢ 새로 알게 친구는 과거 나에게 일어난 중요한 일을 알 수 없습니다. 나를 잘 아는 주변 어른께 여쭈어보아야 합니다.

3 제시된 그림은 할머니께 나에게 일어난 중요한 일을 여쭈어보고 있는 모습입니다.

4 학교 누리집, 학교 역사관, 학교 졸업 사진첩 등을 찾아보면 우리 학교에서 일어난 중요한 일을 조사할 수 있습니다.

13 일차 연표와 이야기책 만들기

조성퀴즈 89쪽

1 연표 2 역사 3 이야기책

문제로 확인하기 90쪽

1 ④   2 진혁   3 ①   4 ④

13 일차 핵심   1 ✕   2 연표

1 나의 성장 연표를 만드는 과정은 '④ 나에게 일어난 중요한 일 떠 올리기 → ① 사건의 순서 확인하기 → ② 연표에 연도 표시하기 → ③ 각 연도에 일어난 일 쓰기 → ⑤ 연표에 알맞는 제목 붙여 연표 완성하기' 의 순서로 진행합니다.

2 나의 성장 연표를 만들면 나에게 중요한 일이 언제 일어났는지 알 수 있습니다.

3 가족의 연표를 만들면 우리 가족의 역사를 알 수 있습니다.

4 제시된 그림에서는 나에게 일어난 중요한 일을 정리한 이야기책을 소개하고 있습니다.

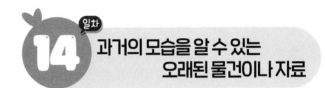

14 일차 과거의 모습을 알 수 있는 오래된 물건이나 자료

조성퀴즈 95쪽

1 애장품 2 카세트테이프 3 증언

문제로 확인하기 96쪽

1 ⑤   2 ㉢   3 ㉣   4 ④

14 일차 핵심   1 ○   2 맷돌

1 옛날에 쓴 일기, 어릴 적에 찍은 사진, 나의 애장품, 내가 다니던 유치원 등의 건축물 등을 살펴보면 나의 과거 모습을 알 수 있습니다.

2 토큰은 옛날에 버스를 탈 때 내던 동전 모양의 물건입니다.

3 무선 호출기는 호출한 사람의 전화 번호 등을 알려 주는 물건입니다.

4 과거의 모습을 알 수 있는 오래된 자료에는 사진, 일기, 노랫말, 신문 기사, 주변 어르신의 증언, 편지, 책 등이 있습니다. 오래된 자료를 보면 옛날에 어떤 일이 있었는지 알 수 있습니다.

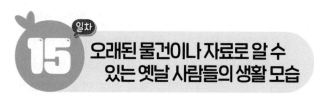

15 일차 오래된 물건이나 자료로 알 수 있는 옛날 사람들의 생활 모습

꼬 생 퀴 즈 101쪽

① 맷돌 ② 물건 ③ 때

문제로 확인하기 102쪽

1 ③ 2 생활 3 ①, ③
4 우진

15일차 핵심 ① 빨래판과 빨랫방망이 ② ○

1 옛날에는 화장실이 집 밖에 있는 경우가 많아서 밤에는 방 안에서 요강에 오줌을 누었습니다.

2 옛날 사람들이 물건을 사용하던 모습을 상상하며 당시 사람들의 생활 모습을 짐작해 볼 수 있습니다.

3 일기, 노랫말, 사진, 신문 기사, 그림 등을 살펴보면 자료가 쓰여진 당시의 상황이나 옛날 사람들의 생활 모습을 알 수 있습니다.

4 과거의 모습이 담긴 사진을 보면 옛날 사람들의 생활 모습을 생생하게 확인할 수 있습니다.

16 일차 오래된 물건이나 자료 찾아 소개하기

꼬 생 퀴 즈 107쪽

① 박물관 ② 전시관

문제로 확인하기 108쪽

1 ④ 2 ①, ② 3 다영
4 쓰임새

16일차 핵심 ① 어른 ② ○

1 오래된 물건이나 자료를 찾는 방법으로는 집이나 주변에서 직접 가져오거나 사진으로 찍어 오기, 박물관이나 민속촌에서 사진으로 찍어 오기, 주변 어른께 여쭈어보기, 인터넷으로 찾아보기 등이 있습니다.

2 박물관이나 민속촌에 가면 오래된 물건이나 자료들을 많이 살펴볼 수 있습니다. 박물관은 옛날의 물건이나 예술품을 보관하고 사람들에게 보여 주는 곳이고, 민속촌은 고유한 민속을 간직하고 있는 마을입니다.

3 다영 – 오래된 물건이나 자료의 사진을 찍을 때는 주인에게 허락을 받아야 합니다.

4 오래된 물건이나 자료를 소개하면 그 물건이나 자료가 어떻게 쓰이는지 알 수 있습니다.

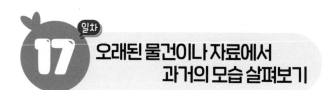

17 일차 오래된 물건이나 자료에서 과거의 모습 살펴보기

꼬 생 퀴 즈 113쪽

① 과거 ② 비교

문제로 확인하기 114쪽

1 ③ 2 은하, 소진 3 요강 4 ⑤

17일차 핵심 ① 관찰 ② ✕

1 빨래판과 빨랫방망이, 배냇저고리, 재봉틀 사진은 옷과 관련된 물건이나 자료들입니다. ③ 맷돌은 음식과 관련된 물건입니다.

2 오래된 물건에서 과거의 모습을 살펴볼 때는 물건을 무엇으로 만들었는지, 언제 사용하였을지, 어떻게 사용하였을지 생각해 보아야 합니다.

3 과거의 모습을 가진 물건 중 요강은 옛날에 방 안에서 오줌을 눌 때 사용하던 물건입니다.

4 어떤 자료를 선택하느냐에 따라 설명이 달라질 수 있고, 같은 물건이나 자료를 선택하더라도 사람마다 생각이나 흥미가 달라서 과거에 대한 설명이 달라질 수 있습니다. 어떤 자료를 선택하였는지에 따라 과거에 대한 설명이 다를 수 있기 때문에 다양한 자료를 찾아보고 비교해야 합니다.

3 지역에 오래 사셨거나 지역을 잘 아는 어른께 지역의 옛날 모습에 대해 여쭈어보면 옛날의 생활 모습을 자세하게 알 수 있고, 궁금한 점을 질문하여 바로 알 수 있습니다.

4 지명이란 마을, 지역, 산, 강 등의 이름을 말합니다. 지역마다 전해 내려오는 지명에는 지역의 고유한 특징이 담겨 있습니다.

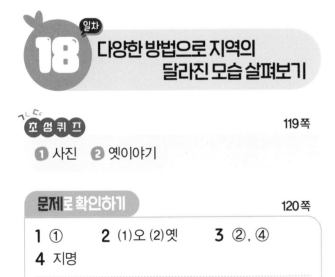

18 일차 다양한 방법으로 지역의 달라진 모습 살펴보기

쏙쏙퀴즈 119쪽

❶ 사진 ❷ 옛이야기

문제로 확인하기 120쪽

1 ① **2** (1)오 (2)옛 **3** ②, ④

4 지명

18 일차 핵심 ❶ 아는 ❷ ○

1 지역의 달라진 모습을 살펴보는 방법으로는 사진과 영상 살펴보기, 증언으로 살펴보기, 옛이야기 살펴보기, 지도 살펴보기 등이 있습니다.

2 (1)은 오늘날 여의도의 모습이고, (2)는 옛날 여의도의 모습입니다. 옛날과 오늘날 지역의 사진을 비교해 보면 지역의 달라진 모습을 알 수 있습니다.

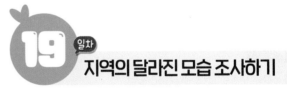

19 일차 지역의 달라진 모습 조사하기

쏙쏙퀴즈 125쪽

❶ 계획서 ❷ 어른

문제로 확인하기 126쪽

1 ㉣ → ㉡ → ㉢ → ㉠ → ㉤ **2** 정민

3 ④ **4** ②

19 일차 핵심 ❶ ○ ❷ ○

1 '㉣ 조사할 주제 정하기 → ㉡ 조사 방법 정하기 → ㉢ 조사할 내용 정하기 → ㉠ 조사하기 → ㉤ 조사한 내용 정리하기'의 순서로 지역의 달라진 모습을 조사합니다.

2 지역의 달라진 모습을 조사하는 계획서에는 조사 주제, 조사 방법, 조사할 내용, 주의할 점 등이 들어가야 합니다. 정민 – 알게 된 점은 조사 보고서에 들어갈 내용입니다.

3 지역의 달라진 모습을 조사하는 방법으로는 인터넷 이용하기, 문헌 찾아보기, 지역 어른께 여쭈어보기, 장소 방문하기 등이 있습니다.

4 제시된 그림은 지역의 문화원에 방문하여 지역의 달라진 모습을 조사하는 모습입니다.

20 일차
지역의 달라진 모습 살펴보고 소개하기

1 생활 모습   **2** 옛날, 오늘날

문제로 확인하기   132쪽

1 윤찬, 예진   **2** ②, ④   **3** 생활 모습
4 ④

20 일차 핵심   **1** ✕   **2** 오늘날

1 가인 – 지역의 달라진 모습을 살펴보면 옛날 모습 그대로 이어져 내려오는 모습도 있습니다.

2 옛날 사람들은 초가집에서 많이 살았고, 논과 밭에서 농사짓는 사람들이 많았습니다. ①, ③, ⑤는 오늘날 사람들의 생활 모습입니다.

3 오늘날까지 지역의 옛날 모습이 그대로 이어져 내려온 모습, 사라진 모습, 새롭게 생겨난 모습을 살펴보면 지역 사람들의 달라진 생활 모습을 이해할 수 있습니다.

4 제시된 그림은 지역의 달라진 모습을 그림으로 그려 소개하고 있는 모습입니다.

단원 평가   10~20일차   2. 일상에서 만나는 과거   **134~136쪽**

1 ②, ⑤   **2** ③
3 모범 답안 어떤 일이 언제 일어났고 어떤 순서로 일어났는지 알 수 있다. / 과거의 일이 지금으로부터 얼마나 오래전에 일어난 일인지 알 수 있다.
4 달력   **5** ⑤
6 ㉠ → ㉢ → ㉣ → ㉡
7 ④   **8** ①   **9** ⑤
10 현성, 수민   **11** ㉠, ㉡   **12** ③, ⑤
13 ④
14 모범 답안 어떤 자료를 선택하느냐에 따라 설명이 달라질 수 있기 때문이다. / 같은 물건이나 자료를 선택하더라도 사람마다 생각이나 흥미가 달라서 과거에 대한 설명이 다를 수 있기 때문이다.
15 ⑤   **16** 병점   **17** ①
18 ②, ④
19 모범 답안 수원 팔달문은 옛날 모습 그대로 이어져 내려오고 있다.
20 (1) 오 (2) 옛 (3) 옛 (4) 오

1 계절이 바뀌는 것, 내가 태어나서 성장하는 것, 시곗바늘이 움직이는 것 등은 시간의 흐름을 알 수 있는 것입니다.

2 2025년, 5월, 21일, 수요일, 옛날, 미래, 훗날은 시간을 표현하는 말입니다.

3 연표란 옛날에 있었던 중요한 일들을 일어난 순서대로 나타낸 표입니다.

채점 기준	
상	연표를 보고 알 수 있는 점을 바르게 서술한 경우
하	시간의 흐름을 알 수 있다고만 서술한 경우

4 달력은 1년 동안의 월, 일, 요일 등을 날짜에 따라 적어 놓은 것입니다.

5 나에게 일어난 중요한 일을 조사하는 방법으로는 예전에 쓴 일기 살펴보기, 어린 시절 사진이나 영상 살펴보기, 주변 어른께 여쭈어보기, 주변 어른들이 남긴 기록 살펴보기 등이 있습니다.

6 나의 성장 연표는 '㉠ 중요한 일 떠올리기 → ㉢ 사건의 순서 확인하기 → ㉣ 연표에 연도를 표시하고 일어난

일 쓰기 → ㉡ 연표 완성하기'의 순서로 만듭니다.

7 가족의 연표를 만들면 우리 가족이 겪었던 일들의 흐름을 알 수 있으며, 나와 가족이 겪은 일도 역사의 일부분이 될 수 있음을 알 수 있습니다.

8 ① 무선 호출기는 호출한 사람의 전화번호 등을 알려 주는 오래된 물건입니다.

9 제시된 물건은 옛날에 사용한 토큰입니다. 옛날에는 버스를 탈 때 돈이나 교통 카드 대신 동전 모양의 토큰을 냈습니다.

10 오래된 물건이나 자료를 살펴보면 당시의 상황과 옛날 사람들의 생활 모습을 알 수 있습니다.

11 오래된 물건이나 자료를 찾는 방법으로는 집이나 주변에서 가져오기, 박물관이나 민속촌에서 사진으로 찍어 오기, 주변 어른께 여쭈어보기, 인터넷으로 찾아보기 등이 있습니다.

12 오래된 물건이나 자료를 찾을 때는 주인의 허락을 받아야 하고, 망가지지 않도록 조심스럽게 다루어야 합니다. 그리고 설명을 들을 때는 내용을 글로 적거나 녹음을 합니다.

13 배냇저고리는 아기들이 입는 옷입니다. ① 맷돌, ③ 절구는 음식과 관련된 물건, ⑤ 기와집 사진은 집과 관련된 자료입니다.

14 어떤 자료를 선택하였는지에 따라 과거에 대한 설명이 다를 수 있기 때문에 다양한 자료를 찾아보고 비교해야 합니다.

채점 기준	
상	'어떤 자료를 선택하느냐에 따라 설명이 달라질 수 있기 때문에', '같은 물건이나 자료를 선택하더라도 사람마다 생각이나 흥미가 달라서 설명이 다를 수 있기 때문에' 중 한 가지를 바르게 서술한 경우
하	오래된 물건이나 자료를 통해 살펴본 과거의 모습이 다른 까닭을 미흡하게 서술한 경우

15 옛날과 오늘날 지역의 사진과 영상, 지역 어른의 증언, 옛날과 오늘날 지역의 지도, 지역에 전해 내려오는 옛이야기, 지명 등을 통해 지역의 달라진 모습을 살펴볼 수 있습니다.

16 옛이야기를 통해 그 지역의 특징과 옛날 그 지역 사람들의 생활 모습을 알 수 있습니다.

17 지역의 달라진 모습을 조사하는 과정은 '① 조사할 주제 정하기 → ② 조사 방법 정하기 → ③ 조사할 내용 정하기 → ⑤ 조사하기 → ④ 조사한 내용 정리하기'의 순서로 이루어집니다.

18 시청·군청·구청 누리집이나 지역의 문화원 누리집에 방문하여 지역의 달라진 모습을 조사할 수 있습니다.

19 수원 팔달문 주변에 높은 건물들이 많아지고 도로가 넓어졌지만 수원 팔달문은 옛날 모습 그대로 이어져 내려오고 있습니다.

채점 기준	
상	수원 팔달문이 옛날 모습 그대로 이어져 내려오고 있다고 바르게 서술한 경우
하	수원 팔달문이 비슷하다고만 서술한 경우

20 지역 사람들의 생활 모습은 옛날과 달라진 점도 있고 비슷한 점도 있습니다.

1. 우리가 사는 곳
① 우리 주변의 여러 장소

주제 평가　　　　　　　　　　　　2~3쪽

쪽지 시험 ❶ 장소　❷ 그림　❸ 있는
❹ 소개　❺ 다르다　❻ 존중

1 ㉠, ㉢　　**2** (1) – ㉡ (2) – ㉢ (3) – ㉠
3 ⑤　　**4** ㉢　　**5** ㈎
6 ①　　**7** 관심　　**8** ②
9 준이　　**10** ①, ②

1 ㉡ 산, 들, 강 등 자연도 장소입니다. 장소란 우리가 생활하는 곳으로 공원, 문구점, 학교, 산, 강 등 다양한 곳이 있습니다.

2 병원은 아픈 곳을 치료해 주는 장소이고, 학교는 친구들과 함께 교실에서 공부하는 장소입니다. 그리고 시장은 생활에 필요한 물건을 사고팔고 맛있는 음식을 먹을 수 있는 장소입니다.

3 장소 카드에는 수영장 사진과 수영장에서의 경험과 느낌이 나타나 있습니다.

4 우리가 사는 곳을 그림으로 그릴 때는 장소에서의 다양한 경험을 떠올려 보고 떠올린 내용이 잘 드러나도록 표현합니다.

5 태권도장을 크게 그린 작품은 ㈎입니다. ㈎ 작품에는 태권도장이 그려져 있지만 ㈏ 작품에는 태권도장이 그려져 있지 않습니다.

6 ① 강은 ㈎ 작품에만 그려져 있습니다. ㈎, ㈏ 작품은 그림지도로 표현한 것으로 모두 좋아하는 장소를 그렸습니다. 그리고 ㈎, ㈏ 작품 모두 학교, 도로가 그려져 있습니다.

7 장소에서의 경험과 느낌은 사람들에게 장소를 생각하고 관심을 가지게 해 줍니다.

8 제시된 ㈎, ㈏ 작품은 그림으로 놀이터에서의 경험을 표현한 것입니다.

9 작품을 비교해 보면 장소에서의 경험과 느낌에 따라 장소에 대한 생각과 관심이 다르다는 것을 알 수 있습니다.

10 사람마다 장소에 대한 서로 다른 생각을 이해하고 존중해야 합니다.

② 우리가 사는 살기 좋은 곳

주제 평가　　　　　　　　　　　　4~5쪽

쪽지 시험 ❶ 도움　❷ 편리한 생활
❸ 디지털 영상지도　❹ 답사
❺ 편리　❻ 홍보

1 (1) – ㉡ (2) – ㉢ (3) – ㉠　　**2** ④
3 ㉡, ㉢　　**4** 컴퓨터　　**5** ㉠
6 ①　　**7** ⑤　　**8** ㉠
9 (2) ○　　**10** ④, ⑤

1 여가와 관련된 장소에는 체육관, 공원 등이 있고, 건강과 관련된 장소에는 약국, 병원, 보건소 등이 있으며, 교육과 관련된 장소에는 학교, 도서관 등이 있습니다.

2 ④ 백화점은 필요한 물건을 살 때 도움을 주는 장소입니다. 사람들이 다른 곳으로 이동할 때 도움을 주는 장소에는 공항, 항구, 전철역, 기차역, 버스 터미널 등이 있습니다.

3 우리가 사는 곳에 도움을 주는 장소를 찾아보는 방법에는 장소를 잘 아는 어른께 여쭈어보기, 장소의 안내 책자나 홍보 자료 찾아보기, 인터넷으로 검색하기, 디지털 영상지도로 살펴보기 등이 있습니다.

4 영상으로 우리가 사는 곳을 생생하게 살펴볼 수 있습니다. 또한 책에 있는 사진을 활용하여 우리가 사는 곳의 모습을 살펴볼 수도 있습니다.

5 디지털 영상지도의 ㉠은 장소 찾기, ㉡은 지도 종류 선택하기, ㉢은 위치 이동하기, ㉣은 확대 및 축소하기의 기능입니다.

6 디지털 영상지도에서 + 단추를 누르면 지도를 확대할 수 있고, − 단추를 누르면 지도를 축소할 수 있습니다.

7 ⑤ 새롭게 알게 된 점은 답사 결과 정리하기 단계에서 답사 보고서를 쓸 때 들어갈 내용입니다.

8 우리가 사는 곳을 답사하는 과정은 ㉡ → ㉠ → ㉢ 순서로 이루어집니다.

9 ⑴ 우리가 사는 곳을 살기 좋은 곳으로 만들기 위해서는 깨끗한 공원을 만들도록 쓰레기를 치워야 합니다.

10 우리가 사는 곳을 더 살기 좋은 곳으로 만들기 위한 방안을 알릴 때는 홍보 활동하기, 사회 관계망 서비스(SNS)나 누리집에 의견 올리기 등의 방법이 있습니다.

단원평가 1회
6~8쪽

1 ④	**2** ④
3 ㉡	**4** ⑤

5 모범답안 우리 주변에 실제로 있는 장소를 그린다. / 장소에 대한 나의 느낌을 잘 드러낼 수 있는 색으로 장소를 칠한다.

6 ⑤	**7** 관심
8 ㉠	**9** ⑤

10 모범답안 장소에 대한 사람들의 서로 다른 생각과 느낌을 이해하고 존중해야 한다.

11 ⑤	**12** ⑴ − ㉡ ⑵ − ㉠ ⑶ − ㉢
13 ①, ⑤	

14 모범답안 우리가 사는 곳의 실제 모습과 전체 모습을 살펴볼 수 있다. / 장소의 위치를 알 수 있고 화면을 확대하여 한 장소의 모습을 자세히 살펴볼 수 있다. / 찾고 싶은 장소의 정보를 빠르게 찾을 수 있다.

15 ④	**16** ㉡	**17** ⑤
18 ①	**19** 살기 좋은 곳	**20** ④

1 몸이 아플 때 치료를 받거나 예방 주사를 맞는 곳은 병원, 보건소 등입니다.

2 ①은 공원, ②는 도서관, ③은 운동장, ⑤는 음식점 또는 시장에서의 경험입니다.

3 놀이터에서의 경험과 느낌을 그림으로 표현할 수 있습니다.

4 동시를 쓸 때 주제를 정한 후 주제에 알맞은 장소를 선택하고, 장소를 생각하며 머릿속에 떠오른 낱말을 이용하여 동시를 씁니다.

5 장소에서의 경험과 느낌을 표현할 때 상상 속의 장소가 아닌 실제로 있는 장소를 표현해야 합니다.

채점 기준	
상	'실제로 있는 장소를 그린다.', '장소에 대한 나의 느낌을 잘 드러낼 수 있는 색으로 장소를 칠한다.'고 두 가지 모두 바르게 서술한 경우
하	'실제로 있는 장소를 그린다.', '장소에 대한 나의 느낌을 잘 드러낼 수 있는 색으로 장소를 칠한다.' 중 한 가지를 서술한 경우

6 영서는 학교에서 집으로 가는 길에 있는 장소들을 그림지도로 표현했고, 태권도장을 다른 장소보다 크게 표현하였습니다.

7 친구들이 장소를 소개한 내용을 들어 보면, 그 장소를 어떻게 생각하는지 알 수 있고, 장소에서의 경험과 느낌을 바탕으로 그 장소를 생각하고 관심을 가지게 됩니다.

8 ⑺, ⑻ 작품은 장소에서의 경험과 느낌을 친구들에게 소개하기 위해 동시로 표현한 것입니다.

9 ⑺ 작품에는 내가 좋아하는 여러 장소들을 표현하였고, ⑻ 작품에는 한 장소를 표현하였습니다.

10 사람마다 장소에서의 경험이 다르고, 관심이 다르기 때문에 장소에 대한 서로 다른 생각이나 느낌을 이해하고 존중해야 합니다.

채점 기준	
상	'이해', '존중'이라는 단어를 모두 넣어 바르게 서술한 경우
하	'이해', '존중' 중 한 가지 단어를 넣어 미흡하게 서술한 경우

11 ⑤ 보건소는 사람들이 건강하게 생활할 수 있도록 도와주는 장소입니다.

12 안전에 도움을 주는 장소에는 경찰서, 소방서 등이 있고, 교육과 관련된 장소에는 학교, 학원, 도서관 등이 있습니다. 또한 사람들이 다른 곳으로 이동할 때 이용하는 장소에는 기차역, 버스 터미널, 전철역, 공항 등이 있습니다.

13 ②, ③, ④는 디지털 영상지도로 살펴볼 때 좋은 점입니다.

14 디지털 영상지도를 이용하여 장소의 실제 모습을 자세히 살펴볼 수 있고, 우리가 사는 곳의 전체 모습을 볼 수 있습니다. 또한 여러 장소의 위치를 알 수 있습니다.

채점 기준	
상	디지털 영상지도로 장소를 살펴볼 때의 좋은 점을 '실제', '전체', '자세한' 등을 넣어 바르게 서술한 경우
하	디지털 영상지도로 장소를 살펴볼 때의 좋은 점을 미흡하게 서술한 경우

15 디지털 영상지도는 국토 정보 플랫폼 누리집에서 ⓒ → ⓔ → ⑤ → ⓛ 순서를 통해 살펴볼 수 있습니다.

16 디지털 영상지도 화면에서 바탕 화면을 누르면 다양한 종류의 지도를 선택하여 볼 수 있습니다.

17 (가)는 답사하기 과정으로 답사 계획에 따라 우리가 사는 곳의 좋은 점과 불편한 점을 조사하는 단계입니다. ①, ②, ③은 답사 계획 세우기의 과정이고, ④는 답사 결과 정리하기의 과정입니다.

18 ①은 답사 계획서에만 들어가는 내용입니다.

19 우리가 살기 좋은 곳은 여가, 교육, 안전, 건강 등 사람들의 다양한 요구를 만족시킬 수 있는 장소가 잘 갖추어진 곳입니다. 살기 좋은 곳에는 여가 생활을 할 수 있도록 공원, 놀이터, 체육관 등의 장소가 곳곳에 있고, 다양한 교육을 받을 수 있는 학교, 학원, 도서관 등이 곳곳에 있습니다. 또한 아플 때 빨리 치료를 받고 건강하게 생활할 수 있도록 이용할 수 있는 병원, 약국 등이 있으며 사람들이 안전하게 생활할 수 있도록 경찰서, 소방서 등이 우리 주변 곳곳에 있습니다. 이러한 장소들을 누구나 자유롭게 이용해 편리하게 생활할 수 있는 곳이 살기 좋은 곳이라고 할 수 있습니다.

20 학교 주변이 안전하도록 학교 주변 인도 옆에 울타리를 설치할 수 있습니다.

단원평가 2회 9~11쪽

1 장소 **2** ①
3 ④ **4** ①
5 모범답안 내가 좋아하는 장소들이라는 주제로 동시를 썼다.
6 ⓛ **7** 책(접는 책)
8 ⓛ, ⓒ, ⓔ
9 ⑤ **10** 존중 **11** ③
12 모범답안 생활하는 데 불편할 것 같다. / 장소에서 문제가 생기면 해결하기 어려울 것 같다.
13 (2) ○ **14** ② **15** ⑤, ⓛ
16 ④ **17** ⑤
18 모범답안 답사를 통해 장소마다 우리에게 주는 좋은 점과 불편한 점이 무엇인지 알게 되었다. / 우리가 사는 곳에 대해 더욱 관심을 가져야겠다고 생각했다.
19 도준 **20** ③

---

1 장소는 우리의 삶과 관련된 어떤 일이 이루어지거나 일어나는 곳입니다.

2 ①과 같은 경험을 할 수 있는 곳은 공원, 산 등이 있습니다.

3 ⑤에 시장에서의 경험을 씁니다. 장소 카드를 만들 때는 가장 먼저 장소를 정하고, 카드에 장소 이름을 쓴 후 장소의 모습을 그리거나 사진으로 붙입니다. 그리고 장소에서 경험한 일과 느낌을 카드에 씁니다.

4 제시된 자료는 내가 좋아하는 장소들인 수영장, 문구점, 분식집을 떠올리며 동시로 표현한 것입니다. 동시로 표현할 때 내용과 관련된 그림을 함께 그려 표현할 수도 있습니다.

5 동시로 장소를 표현할 때는 주제를 정한 후 주제에 알맞은 장소를 선택합니다.

채점 기준	
상	'내가 좋아하는 장소들'이라고 바르게 서술한 경우
하	'수영장', '문구점', '분식집' 장소 이름만 넣어 미흡하게 서술한 경우

6 ⑤ 상상 속의 장소가 아닌 주변에 실제로 있는 장소를 표현해야 하고, ⓒ 장소에서 보고 느낀 모든 것을 다 표현하지 않아도 됩니다.

7 장소에서 겪었던 다양한 경험과 느낌을 책, 그림, 사진, 동시, 그림지도 등 다양하게 표현하여 친구들에게 소개할 수 있습니다.

8 두 작품은 장소에서의 경험과 느낌을 그림지도로 표현하였습니다. 모두 희망산, 소망 시장, 희망 초등학교를 그림지도에 표현한 공통점이 있습니다.

9 주변의 장소 중 어떤 곳을 표현하였는지 비교합니다. 또한 장소들의 위치, 크기, 범위를 비교합니다.

10 우리가 장소에 대해 갖는 생각과 관심은 비슷하기도 하지만 각자의 경험과 느낌이 다르기 때문에 장소에 대한 서로 다른 생각을 이해하고 존중하는 자세가 필요합니다.

11 ①, ②는 놀이나 여가를 즐기는 장소, ④는 생활에 필요한 물건을 살 때 이용하는 장소입니다.

12 우리 생활에 도움을 주는 경찰서, 소방서, 병원, 학교 등 다양한 장소들이 있지만 만약 없다면 생활하기 불편하고 어려워질 것입니다.

채점 기준	
상	'생활하는 데 불편할 것 같다.', '장소에서 문제가 생기면 해결하기 어려울 것 같다.' 중 한 가지를 바르게 서술한 경우
하	'불편', '문제', '어려움' 등을 넣어 미흡하게 서술한 경우

13 ⑴은 디지털 영상지도의 위치 이동하기 기능에 대한 설명입니다.

14 우리가 사는 곳을 책, 사진, 영상, 컴퓨터, 디지털 영상지도 등으로 다양하게 살펴볼 수 있습니다.

15 ⓒ은 직접 돌아다니며 장소를 살펴보는 방법입니다.

16 디지털 영상지도로 장소의 전체 모습, 실제 모습, 자세한 모습을 살펴볼 수 있습니다.

17 제시된 자료는 답사 계획서로 ㉠은 답사 목적, ㉡은 답사 장소, ㉢은 답사 내용, ㉣은 답사 준비물입니다.

18 답사를 통해 장소를 조사하게 되면 장소를 생생하게 알 수 있게 됩니다.

채점 기준	
상	답사를 통해 장소에 대해 새롭게 알게 된 점과 느낀 점을 바르게 서술한 경우
하	'장소에 대해 알게 되었다.'고 간단하게 서술한 경우

19 사람들의 안전한 생활을 위해 인도 옆에 울타리를 설치합니다.

20 우리가 사는 곳을 더 살기 좋은 곳으로 만들기 위한 방안을 알리기 위해 알리고 싶은 내용으로 홍보판을 만들어 홍보 활동을 할 수 있습니다.

서술형 평가 1회   12쪽

1 ⑴ 학교
⑵ **모범 답안** 다양한 과목을 배운다. / 친구들과 운동장에서 즐겁게 논다. / 급식실에서 맛있게 점심을 먹는다.

2 ⑴ 그림지도
⑵ **모범 답안** 그리고 싶은 장소를 떠올린 뒤 장소를 그리고 장소의 이름을 적는다. / 장소의 위치, 크기, 모양 등으로 장소에서의 경험과 느낌을 나타낸다.

3 **모범 답안** ㈎ 작품은 내가 좋아하는 여러 장소를 동시로 표현하였고, ㈏ 작품은 소망 시장 한 장소를 동시로 표현하였다.

4 **모범 답안** 이해하고 존중하는 자세가 필요해.

1 ⑴ 학교는 선생님과 친구들을 만나서 공부하는 곳입니다.
⑵ 학교는 친구들과 함께 공부하고 운동장에서 재미있게 놀 수 있는 곳입니다.

채점 기준	
상	⑴ '학교'를 쓰고, ⑵ 학교의 교실, 학교의 운동장, 학교의 급식실 등 다양한 장소에서 경험한 내용을 바르게 서술한 경우
하	'학교'라는 장소를 언급하지 않고 공부한다는 내용만 간단하게 서술한 경우

2 ⑴ 여러 장소에 대한 경험과 느낌을 그림지도로 표현할 수 있습니다.
⑵ 그림지도를 그릴 때는 주변의 모든 장소를 그리지 않아도 되고 주변에서 보았던 것을 자유롭게 그려도 됩니다.

채점 기준	
상	(1) '그림지도'를 쓰고, (2) 그림지도를 그리는 방법을 바르게 서술한 경우
하	'그림지도'를 언급하지 않고, 방법만 미흡하게 서술한 경우

3 ㈎ 작품은 수영장, 문구점, 분식집 등 내가 좋아하는 장소들을 동시로 표현하였고, ㈏ 작품은 재미있는 소망 시장을 동시로 표현하였습니다.

채점 기준	
상	㈎, ㈏ 동시를 비교하였을 때 다른 점을 바르게 서술한 경우
하	㈎, ㈏ 동시 중 한 작품에 대한 내용만 서술한 경우

4 사람마다 장소에 대한 경험과 느낌이 다르기 때문에 서로 다른 생각과 느낌을 이해하고 존중해야 합니다.

채점 기준	
상	장소에 대한 서로의 생각을 이해하고 존중한다는 내용으로 바르게 서술한 경우
하	장소에 대한 서로 다른 생각을 어떻게 해야 하는지 미흡하게 서술한 경우

서술형 평가 2회

13쪽

1 〔모범 답안〕 버스 터미널과 기차역은 사람들이 다른 곳으로 이동할 때 이용하는 장소이다.

2 (1) 직접 돌아다니기

(2) 〔모범 답안〕 우리가 사는 곳을 실제로 살펴볼 수 있다. / 장소에 있는 사람들과 직접 대화할 수 있어 장소에 대해 자세히 알아볼 수 있다.

3 (1) 디지털 영상지도

(2) 〔모범 답안〕 컴퓨터, 스마트폰 등으로 지도를 볼 수 있다. / 찾고 싶은 장소의 위치를 확인할 수 있다. / 장소의 전체 모습을 볼 수 있다. / 장소의 자세한 모습을 볼 수 있다.

4 〔모범 답안〕 우리가 사는 살기 좋은 곳은 놀이, 여가, 교육, 문화, 안전, 건강 등을 위한 시설이 잘 갖추어져 사람들이 편리하게 생활할 수 있는 곳이다.

---

1 사람들이 다른 곳으로 이동할 때 이용하는 장소에는 버스 터미널, 기차역, 전철역, 공항, 항구 등이 있습니다.

채점 기준	
상	버스 터미널과 기차역이 사람들의 이동에 도움을 준다는 내용으로 바르게 서술한 경우
하	버스 터미널과 기차역이 어떤 도움을 주는지 미흡하게 서술한 경우

2 (1) 제시된 자료에서 대화하는 모습을 통해 직접 돌아다니기임을 알 수 있습니다.

(2) 직접 돌아다니며 장소를 살펴보면 장소에 있는 사람들이 어떤 일을 하는지 직접 보거나 들을 수 있습니다.

채점 기준	
상	장소를 직접 돌아다녔을 때의 좋은 점을 바르게 서술한 경우
하	'장소에 대해 알 수 있다.'고만 간단히 서술한 경우

3 (1) 디지털 영상지도는 인공위성과 비행기에서 찍은 사진과 영상을 모아 만든 것입니다.

(2) 디지털 영상지도는 컴퓨터, 태블릿 컴퓨터, 스마트폰 등으로 볼 수 있는 지도로 우리가 사는 곳을 자세하게 볼 수 있고, 전체 모습도 한눈에 볼 수 있습니다.

채점 기준	
상	디지털 영상지도의 특징을 두 가지 모두 바르게 서술한 경우
하	디지털 영상지도의 특징을 한 가지만 서술한 경우

4 우리가 사는 곳을 더 살기 좋은 곳으로 만들려면 불편한 점이 없는지 살펴보아야 하고, 우리가 사는 곳을 더 살기 좋은 곳으로 만들기 위해 관심을 가져야 합니다.

채점 기준	
상	살기 좋은 곳의 특징을 바르게 서술한 경우
하	살기 좋은 곳의 특징을 미흡하게 서술한 경우

수행 평가 1회

14쪽

1 놀이터

2 〔모범 답안〕 ㈎는 놀이터 장소 한 곳만 표현하였고, ㈏는 여러 장소를 표현하였다. / ㈎는 놀이터에서 즐거웠던 경험과 느낌을 표현하였고, ㈏는 놀이터 모습만 표현하였다.

3 〔모범 답안〕 작품을 비교해 보면 사람마다 장소에서의 경험과 느낌이 다르기 때문에 장소에 대한 생각과 관심도 서로 다르다.

1 (가) 작품에서는 놀이터에서의 경험과 느낌을 표현하였고, (나) 작품에서는 놀이터 장소의 모습을 표현하였습니다.

2 장소의 다른 점을 비교할 때는 주변의 장소 중 어떤 곳을 표현하였는지 비교하거나 표현한 장소들의 위치, 크기 등을 비교합니다. 또한 작품 속에 담겨 있는 경험과 느낌은 무엇인지 비교합니다.

채점 기준	
상	장소를 표현한 (가), (나) 작품의 다른 점을 두 가지 모두 바르게 서술한 경우
하	장소를 표현한 (가), (나) 작품의 다른 점을 한 가지만 서술한 경우

3 사람마다 장소에서의 경험과 느낌이 다르고, 사람마다 장소에서의 경험과 느낌에 따라 장소에 대한 생각과 관심이 달라지기 때문입니다.

채점 기준	
상	사람마다 장소에서의 경험과 느낌이 다르기 때문이라고 바르게 서술한 경우
하	좋아하는 장소가 서로 다른 까닭을 미흡하게 서술한 경우

채점 기준	
상	㉠ 체육관 답사 내용과 ㉡ 편의점 답사 내용을 장소의 좋은 점과 불편한 점을 나타내 바르게 서술한 경우
하	장소의 좋은 점과 불편한 점을 나타내지 않고 장소에서의 경험만 미흡하게 서술한 경우

2 답사할 때 주의할 점은 답사 계획서를 작성할 때 미리 알아둡니다.

채점 기준	
상	장소를 답사할 때 주의할 점을 두 가지 모두 바르게 서술한 경우
하	장소를 답사할 때 주의할 점을 한 가지만 서술한 경우

3 사람들이 살기 좋은 곳에는 안전, 건강, 교육, 여가, 문화생활 등을 위한 시설이 잘 갖추어져서 편리하게 생활할 수 있게 도와줍니다.

채점 기준	
상	장소를 답사한 후 알게 된 살기 좋은 곳의 특징을 제시된 단어를 두 가지 이상 넣어 바르게 서술한 경우
하	장소를 답사한 후 알게 된 살기 좋은 곳의 특징을 미흡하게 서술한 경우

수행 평가 2회   15쪽

1 ㉠ **모범 답안** 운동 기구가 낡아서(망가져서) 사용하기 불편하다.
㉡ **모범 답안** 필요한 물건을 쉽게 살 수 있어서 편리하다.
2 **모범 답안** 항상 보호자와 함께 다닌다. / 답사하면서 위험한 행동을 하지 않는다. / 답사하면서 설명을 들을 때 집중하고 빠짐없이 내용을 기록한다.
3 **모범 답안** 쾌적한 환경에서 건강하게 생활할 수 있다. / 사람들이 안전하고 편안하게 생활할 수 있다. / 사람들이 자유롭게 교육을 받을 수 있다. / 사람들이 여가나 문화생활을 즐길 수 있다.

1 우리가 사는 곳을 답사할 때는 각자 맡은 역할에 따라 사진이나 영상을 찍고, 우리가 사는 곳에 좋은 점과 불편한 점에는 어떤 것이 있는지 답사한 내용을 꼼꼼하게 기록합니다.

2. 일상에서 만나는 과거
① 일상에서 경험하는 시간의 흐름

주제 평가   16~17쪽

쪽지 시험 ❶ 계절 ❷ 시대 ❸ 연표
❹ 학급 시간표 ❺ 사진 ❻ 연표

1 ④   2 ②, ④   3 ①
4 ①, ⑤   5 ④   6 경험
7 (1) × (2) ○ (3) ○   8 나의 성장 연표
9 ⑤   10 시간

1 계절이 바뀌는 것, 시곗바늘이 움직이는 것, 내가 태어나서 성장하는 것, 해가 뜨고 날짜가 바뀌는 것 등을 보고 시간의 흐름을 알 수 있습니다.

2 앞으로 다가올 시간을 표현하는 말에는 미래, 훗날 등이 있습니다. ① 과거, ③ 옛날은 지나간 시간을

표현하는 말, ⑤ 오늘날은 지금의 시간을 표현하는 말입니다.

3 토요일, 오전, 오늘, 10월 2일은 시간을 표현하는 말입니다. 이외에도 1988년 9월 17일, 10시 30분, 16일 간도 시간을 표현하는 말입니다.

4 연표를 보면 어떤 일이 언제 일어났고 어떤 순서로 일어났는지 알 수 있으며, 과거의 일이 지금으로부터 얼마나 오래전에 일어난 일인지 알 수 있습니다.

5 제시된 자료는 하루 동안의 생활을 계획하여 그 내용을 정리한 생활 계획표입니다.

6 나에게 일어난 중요한 일을 떠올리면 내가 그동안 겪은 일들을 알 수 있습니다.

7 나에게 일어난 중요한 일을 조사하는 방법으로는 예전에 쓴 일기 살펴보기, 옛날의 사진이나 영상 살펴보기, 주변 어른께 여쭈어보기, 주변 어른이 남긴 기록 살펴보기 등이 있습니다.

8 제시된 자료는 나의 성장 연표를 만드는 과정입니다.

9 나의 성장 연표를 만들면 나에게 중요한 일이 언제 일어났는지 알 수 있습니다.

10 나의 이야기책에는 연표보다 좀 더 자세하게 나에게 있었던 일을 쓸 수 있습니다.

② 주변에서 찾아보는 과거의 모습

쪽지 시험 ❶ 애장품   ❷ 초가집
❸ 자료   ❹ 박물관, 민속촌   ❺ 주인
❻ 달라질

1 ⑤   **2** (1) – ⓒ (2) – ⓒ (3) – ⓒ
3 ②, ⑤   **4** ①   **5** ①
6 ④   **7** 녹음   **8** ③
9 ⊙, ⓒ, ⓒ   **10** ②, ③

1 나의 과거 모습을 알려 주는 것으로는 애장품, 일기, 사진, 유치원 등의 건축물 등이 있습니다. ⑤ 올해 처음 만난 친구는 나의 과거 모습을 알 수 없습니다.

2 오래된 물건을 살펴보면 옛날 사람들이 어떻게 생활하였는지 알 수 있습니다.

3 과거의 모습을 알 수 있는 오래된 자료에는 일기, 노랫말, 신문 기사, 사진, 편지, 책, 주변 어르신의 증언 등이 있습니다.

4 맷돌은 곡식을 갈 때 사용한 도구입니다. 옛날에는 전기가 없어서 돌과 돌을 마찰시켜서 돌리는 맷돌로 곡식을 갈았습니다.

5 오래된 물건이나 자료를 살펴보면 당시의 상황이나 옛날 사람들의 생활 모습을 알 수 있습니다.

6 오래된 물건이나 자료를 찾는 방법으로는 집이나 주변에서 가져오기, 박물관이나 민속촌에서 사진으로 찍어 오기, 주변 어른께 여쭈어보기, 인터넷으로 찾아보기 등이 있습니다.

7 오래된 물건이나 자료를 찾을 때는 주인의 허락을 받아야 하고, 조심스럽게 다루어야 하며 설명을 글로 적거나 녹음을 합니다.

8 맷돌, 절구, 부뚜막 사진, 옛날 밥상 사진은 음식과 관련이 있는 오래된 물건이나 자료입니다.

9 오래된 물건이나 자료를 자세하게 관찰하며 물건이나 자료에 담긴 의미를 생각해 봅니다.

10 같은 물건이나 자료를 선택하더라도 사람마다 생각이나 흥미가 다르기 때문에 과거에 대한 설명이 다를 수 있습니다.

③ 지역 사람들의 달라진 생활 모습

실전책

주제 평가
20~21쪽

쪽지 시험 ❶ 사라진 ❷ 옛이야기
❸ 조사 계획서 ❹ 문화원
❺ 생활 모습 ❻ 오늘날

1 ⑤   2 ⑤   3 아는
4 말죽거리 5 ⑤   6 ③
7 (1) 오 (2) 옛   8 ②, ⑤
9 ②   10 생활 모습

1 사진, 영상, 증언, 옛이야기, 지도 등을 통해 지역의 달라진 모습을 살펴볼 수 있습니다.

2 옛날과 오늘날 여의도 사진을 통해 여의도의 달라진 모습을 알 수 있습니다.

3 지역을 잘 아는 어른의 이야기를 들으면 옛날의 생활 모습을 자세하게 알 수 있습니다.

4 지금은 서울특별시 서초구 양재동에서 말을 타고 다니는 사람들은 볼 수 없지만 양재동은 여전히 넓은 도로와 많은 차가 다니는 교통의 중심지입니다.

5 조사 계획서에는 조사 주제, 조사 방법, 조사할 내용, 주의할 점 등의 내용이 들어갑니다. ⑤ 더 알고 싶은 점은 조사 보고서에 들어갈 내용입니다.

6 지역의 달라진 모습을 조사하기 위해 도서관에서 우리 지역의 유래, 지역에 전해 내려오는 옛이야기 등을 담은 책이나 지역 신문을 찾아 읽어 볼 수 있습니다.

7 ⑴은 오늘날 지역의 모습, ⑵는 옛날 지역의 모습입니다. 지역의 달라진 모습을 조사한 후 조사 보고서로 정리하기, 그림으로 정리하기 등으로 정리할 수 있습니다.

8 옛날에는 수원에 논밭이 넓게 펼쳐져 있고 초가집이 많았는데, 오늘날에는 사라졌습니다.

9 옛날에는 도로에서 소를 끌고 다니거나 걸어 다니는 사람들이 많았습니다. ①, ③, ④는 오늘날 지역 사람들의 생활 모습입니다.

10 지역의 달라진 모습을 소개하는 방법에는 그림을 그려 소개하기, 뉴스 대본 만들어 소개하기, 사진전 열기, 노래 바꾸어 부르기 등이 있습니다.

단원 평가 1회
22~24쪽

1 **모범 답안** 계절이 바뀌는 것을 보면 알 수 있어요. / 시곗바늘이 움직이는 것을 보면 알 수 있어요. / 내가 태어나서 성장하는 것을 보면 알 수 있어요.
2 ④   3 연표   4 ①, ②
5 ④   6 ②   7 이야기책
8 **모범 답안** 내가 기억하지 못하는 나의 과거 모습을 알 수 있다. / 나의 경험이나 생각, 느낌 등을 알 수 있다.
9 (1) ㉠, ㉡, ㉣ (2) ㉢, ㉤, ㉥   10 ④
11 ③   12 ④, ⑤
13 옷   14 ④
15 **모범 답안** 바다를 메꿔서 땅으로 만들었다. / 넓은 도로와 다리가 생겼다. / 광양 제철소에서 일하는 사람들이 많아졌다.
16 ④   17 ①, ②   18 ①
19 (1) 오 (2) 옛   20 ①

1 계절이 바뀌는 것, 시곗바늘이 움직이는 것, 내가 태어나서 성장하는 것 등을 살펴보면 시간의 흐름을 알 수 있습니다.

채점 기준	
상	시간의 흐름을 알 수 있는 사례 두 가지를 바르게 서술한 경우
하	시간의 흐름을 알 수 있는 사례를 한 가지만 서술한 경우

2 과거, 시대, 년대, 토요일 등은 시간을 표현하는 말입니다. ④ 일기는 시간을 표현하는 말이 사용된 자료입니다.

3 연표를 보면 과거의 일이 지금으로부터 얼마나 오래 전에 일어난 일인지 알 수 있습니다.

4 옛날에 찍은 사진이나 영상을 살펴보면 나에게 일어난 중요한 일을 알 수 있습니다.

5 학교의 역사관이나 누리집, 졸업 사진첩 등에서 학교에서 일어난 중요한 일을 조사할 수 있습니다.

6 나의 성장 연표를 만드는 과정은 'ⓛ 중요한 일 떠올리기 → ㉠ 사건의 순서 확인하기 → ㉣ 연도를 쓰고, 각 연도에 일어난 일을 순서대로 쓰기 → ㉢ 연표 완성하기'의 순서로 진행됩니다.

7 나의 이야기책에는 연표보다 좀 더 자세하게 나에게 일어난 중요한 일을 쓸 수 있습니다.

8 나의 애장품, 어릴 적에 찍은 사진, 옛날에 쓴 일기 등을 통해 나의 과거 모습을 알 수 있고, 나의 옛날 모습을 다른 사람에게 소개할 수도 있습니다.

채점 기준	
상	'나의 과거 모습을 알 수 있다', '나의 경험이나 생각, 느낌 등을 알 수 있다.' 중 한 가지를 바르게 서술한 경우
하	'과거'를 넣어 미흡하게 서술한 경우

9 ㉠ 맷돌, ㉡ 요강, ㉣ 토큰은 오래된 물건이고, ㉢ 사진, ㉤ 노랫말, ㉥ 신문 기사는 오래된 자료입니다.

10 ①은 맷돌, ②는 무선 호출기, ③은 토큰, ④는 요강입니다. 요강은 방 안에서 오줌을 눌 때 사용하는 그릇입니다.

11 제시된 그림은 주변 어른께 오래된 물건이나 자료에 대해 여쭤보고 있는 모습입니다.

12 친구들이 오래된 물건이나 자료를 소개할 때 내가 찾은 물건이나 자료와 비교하며 듣습니다.

13 빨래판과 빨랫방망이, 한복 사진, 재봉틀 사진, 배냇저고리는 옷과 관련된 오래된 물건이나 자료들입니다.

14 오래된 물건이나 자료는 과거의 모습을 알려 주는 역할을 하기 때문에 중요합니다.

15 옛날에 어촌이었던 광양은 오늘날에는 제철소가 생기면서 그곳에서 일하는 사람들이 많아졌습니다.

채점 기준	
상	광양의 달라진 모습 두 가지 모두 바르게 서술한 경우
하	광양의 달라진 모습을 한 가지만 서술한 경우

16 지역에는 지역의 유래와 역사, 특징 등이 담긴 옛이

야기가 전해 내려옵니다.

17 믿을 수 있는 자료를 찾아봐야 하고 수첩, 필기도구, 사진기 등을 미리 준비해야 합니다. 그리고 질문할 내용을 미리 정해야 합니다.

18 인터넷을 이용해 지역의 달라진 모습을 조사할 수 있습니다. ②는 문헌 찾아보기, ③은 지역 어른께 여쭤어보기, ④는 장소 방문하기입니다.

19 옛날에는 도로에 자동차가 많이 보이지 않고 소달구지가 도로를 다녔는데, 오늘날에는 도로가 넓어지고 자동차가 많아졌습니다.

20 지역의 달라진 모습 소개하기 활동을 하며 지역의 변화와 지역 사람들의 달라진 생활 모습을 쉽게 이해할 수 있습니다.

단원평가 2회   25~27쪽

1 ②, ③   **2** ④   **3** ㉠, ㉣
4 (1) ○ (2) ○ (3) ×   **5** ②
6 (모범 답안) 우리 가족이 겪었던 일들의 흐름 / 우리 가족의 역사 / 가족이 중요하게 생각하는 일들
7 ⑤   **8** 쓰임새
9 ②, ③   **10** ③
11 (모범 답안) 오래된 물건이나 자료의 주인에게 빌리거나 사진을 찍어도 되는지 허락을 받는다. / 오래된 물건이나 자료가 망가지지 않도록 조심스럽게 다룬다. / 설명을 들을 때는 내용을 글로 적거나 녹음을 한다.
12 ④   **13** ㉠ 다름, ㉡ 다름
14 ②   **15** 은혁, 혜진   **16** ③
17 (모범 답안) 옛날 지역의 모습은 어떤 모습이었을까? / 옛날부터 오늘날까지 그대로 이어져 내려온 것에는 무엇이 있을까? / 옛날 모습이 바뀌어 이어져 내려온 것에는 무엇이 있을까? / 오늘날 없어진 것에는 무엇이 있을까? / 오늘날 새로 생긴 것에는 무엇이 있을까?
18 ④   **19** ㉡, ㉢   **20** ②, ⑤

1 년대는 10년, 100년, 1000년 단위로 시간을 묶어서 표현할 때 쓰는 용어입니다. 1999년은 1990년대, 1900년대, 1000년대라고 표현할 수 있습니다.

2 연표는 옛날에 있었던 중요한 일들을 일어난 순서대로 나타낸 표입니다. ④ 연표에는 직선 연표, 곡선 연표 등 다양한 연표가 있습니다.

3 달력, 생활 계획표, 학급 시간표 등은 시간의 흐름을 표현한 자료들입니다.

4 ⑶은 가족에게 일어난 중요한 일입니다.

5 ①은 일기 살펴보기, ②는 사진이나 영상 살펴보기, ③은 주변 어른께 여쭈어보기, ④는 주변 어른들이 남긴 기록 살펴보기입니다.

6 가족의 연표를 만들면 나와 우리 가족이 겪은 일도 역사의 일부분이 될 수 있음을 알 수 있습니다.

채점 기준	
상	가족의 연표를 만들면 알 수 있는 점을 바르게 서술한 경우
하	옛날의 일을 알 수 있다고만 서술한 경우

7 카세트테이프는 카세트에 넣어 음악이나 소리를 들을 수 있는 오래된 물건입니다.

8 오래된 물건은 옛날 사람들의 생활 모습을 알 수 있는 증거가 됩니다.

9 제시된 일기를 보면 친척과 이웃들이 모여 결혼을 축하해 주었고, 결혼 후에 여자는 남자 집에서 살았음을 알 수 있습니다.

10 민속촌이나 박물관에 가서 오래된 물건이나 자료의 사진을 찍어 올 수 있습니다.

11 오래된 물건이나 자료를 찾을 때는 주인의 허락을 받아야 하고, 조심스럽게 다루어야 합니다. 또한 오래된 물건이나 자료에 대해 설명을 들을 때는 글로 적거나 녹음을 하면 좋습니다.

채점 기준	
상	오래된 물건이나 자료를 찾을 때 주의할 점을 두 가지 모두 서술한 경우
하	오래된 물건이나 자료를 찾을 때 주의할 점을 한 가지만 서술한 경우

12 제시된 사진은 옛날 교실 사진으로, 옛날에는 오늘날

보다 한 반에서 공부하는 학생의 수가 많았습니다.

13 같은 물건이나 자료를 선택하더라도 사람마다 생각이나 흥미가 다를 수 있기 때문에 과거에 대한 설명이 다를 수 있습니다.

14 제시된 자료는 옛날과 오늘날 한강 철교의 영상입니다. 사진, 영상, 증언, 지도, 옛이야기, 책, 그림 등을 통해 지역의 달라진 모습을 살펴볼 수 있습니다.

15 옛날 지역의 모습은 오늘날 사라진 모습도 있고, 달라진 모습도 있으며, 비슷한 모습도 있습니다.

16 지역의 달라진 모습을 조사하는 과정은 'ⓒ 조사할 주제 정하기 → ㉠ 조사 방법 정하기 → ㉡ 조사할 내용 정하기 → ㉢ 조사하기 → ㉣ 조사한 내용 정리하기'의 순서로 이루어집니다.

17 지역의 달라진 모습을 조사할 때는 조사할 주제와 방법을 정한 뒤, 구체적으로 조사할 내용을 생각해 봅니다.

채점 기준	
상	조사 계획서의 조사 내용 항목에 들어갈 내용을 두 가지 모두 서술한 경우
하	조사 계획서의 조사 내용 항목에 들어갈 내용을 한 가지만 서술한 경우

18 조사 보고서에는 조사 주제, 조사 방법, 조사를 통해 알게 된 점, 느낀 점 등이 들어갈 수 있습니다. ④ 주의할 점은 조사 계획서에 들어갈 내용입니다.

19 증언, 영상, 책, 사진 등을 찾아보면 지역의 달라진 모습을 살펴볼 수 있습니다.

20 ①, ③, ④는 옛날 지역 사람들의 생활 모습입니다.

서술형 평가 1회   28쪽

1 (모범 답안) 2025년 5월 21일 수요일, 오늘, 과거, 옛날, 오늘날, 미래, 훗날이 시간을 표현하는 말이다.

2 (모범 답안) 예전에 쓴 일기를 살펴보며 나에게 일어난 중요한 일을 조사하고 있는 모습이다.

3 (모범 답안) 옛날에는 빨래를 할 때 빨랫감을 빨래판에 문지르거나 빨랫방망이로 두드려서 때를 뺐습니다. / 옛날에는 빨래를 할 때 세탁기 대신 빨래판과 빨랫방망이를 사용하였다.

4 (모범 답안) 어떤 자료를 선택하였는지에 따라 과거에 대한 설명이 달라질 수 있기 때문이다.

5 (1) 그림 그리기

(2) (모범 답안) 옛날에는 논과 밭에서 농사를 짓는 사람들이 많았는데, 오늘날에는 공장이나 회사에서 일하는 사람들이 많다.

---

1 일기, 달력, 신문 기사 등에서 시간을 표현하는 말을 찾아볼 수 있습니다.

채점 기준	
상	일기에서 시간을 표현하는 말을 모두 찾아 바르게 서술한 경우
하	일기에서 시간을 표현하는 말을 일부만 찾아 서술한 경우

2 나에게 일어난 중요한 일을 조사하는 방법으로는 예전에 쓴 일기 살펴보기, 옛날에 찍은 사진이나 영상 살펴보기, 나를 잘 아는 주변 어른께 여쭈어보기, 주변 어른들이 남긴 기록 살펴보기 등이 있다.

채점 기준	
상	예전에 쓴 일기를 살펴보는 모습이라고 바르게 서술한 경우
하	일기를 본다고만 서술한 경우

3 빨래판은 옛날에 빨래할 때 빨랫감을 문질러서 때를 빼던 도구이고, 빨랫방망이는 빨랫감을 두드려서 때를 빼던 도구입니다.

채점 기준	
상	빨래할 때 빨래판과 빨랫방망이로 빨랫감을 문지르거나 두드려서 때를 뺐다고 바르게 서술한 경우
하	'옛날', '빨래'를 넣어 미흡하게 서술한 경우

4 어떤 자료를 선택하였는지에 따라 과거에 대한 설명이 달라질 수 있기 때문에 다양한 자료를 찾아보고 비

교해야 합니다.

채점 기준	
상	어떤 자료를 선택하였는지에 따라 과거에 대한 설명이 달라질 수 있기 때문이라고 바르게 서술한 경우
하	다양한 자료를 찾아보는 것이 좋다고만 서술한 경우

5 (1) 제시된 자료는 지역의 달라진 모습을 그린 그림으로 소개하고 있는 모습입니다. 옛날과 오늘날 지역 사람들의 달라진 생활 모습을 그림 그리기 등 다양한 방법으로 소개하면 이해하기가 쉽습니다.

(2) 지역 사람들의 생활 모습은 옛날과 달라진 점도 있고 비슷한 점도 있습니다.

채점 기준	
상	(1) '그림 그리기'와 (2) 옛날 지역 사람들과 오늘날 지역 사람들의 생활 모습의 차이를 모두 바르게 서술한 경우
하	(2)의 답만 바르게 서술한 경우

서술형 평가 2회   29쪽

1 (모범 답안) 연도를 표시하고, 각 연도에 일어난 일을 순서대로 쓴다.

2 (1) 사진

(2) (모범 답안) 옛날에는 흙을 구워서 만든 기와로 지붕을 덮은 기와집에서 살았다. / 옛날에는 집에 넓은 마당이 있었다.

3 (모범 답안) 박물관이나 민속촌에서 오래된 물건이나 자료를 사진으로 찍는 모습이다.

4 (모범 답안) 1914년의 서울 지도와 오늘날 서울 지도를 비교해 보면 서울이 많이 넓어졌다는 것을 알 수 있다.

5 (모범 답안) 시·군·구청 누리집이나 지역 문화원 누리집에 방문한다. / 도서관에서 우리 지역의 유래, 지역에 전해 내려오는 옛이야기 등을 담은 책이나 지역 신문을 찾아본다. / 지역 어른께 여쭈어본다. / 박물관이나 지역의 문화원을 직접 방문한다.

---

1 나의 성장 연표는 '중요한 일 떠올리기 → 사건의 순서 확인하기 → 연도를 쓰고, 각 연도에 일어난 일을 순서대로 쓰기 → 연표 완성하기'의 순서로 만듭니다.

채점 기준	
상	연도를 표시하고, 일어난 일을 순서대로 쓴다고 모두 바르게 서술한 경우
하	'연도 표시', '일어난 순서대로 쓰기' 중 한 가지만 서술한 경우

2 ⑴ 제시된 자료는 옛날 사람들이 살았던 기와집이 나타나 있는 오래된 사진입니다.
⑵ 기와집은 흙을 구워서 만든 기와로 지붕을 덮은 집입니다.

채점 기준	
상	⑴ '사진'과 ⑵ 기와집 사진을 보고 알 수 있는 과거의 모습을 모두 바르게 서술한 경우
하	⑵의 답만 바르게 서술한 경우

3 집이나 주변에서 가져오기, 박물관이나 민속촌에서 사진으로 찍어 오기, 주변 어른께 여쭈어보기, 인터넷으로 찾아보기 등으로 오래된 물건이나 자료를 찾아볼 수 있습니다.

채점 기준	
상	박물관이나 민속촌에서 사진으로 찍어 오는 모습이라고 바르게 서술한 경우
하	사진으로 찍어 온다고만 서술한 경우

4 지도를 살펴보면 지역의 달라진 모습을 한눈에 살펴볼 수 있습니다.

채점 기준	
상	서울이 많이 넓어졌음을 알 수 있다고 바르게 서술한 경우
하	서울의 모습이 많이 달라졌다고만 서술한 경우

5 지역의 달라진 모습을 조사하는 방법으로는 인터넷 이용하기, 문헌 찾아보기, 지역 어른께 여쭈어보기, 장소 방문하기 등이 있습니다.

채점 기준	
상	지역의 달라진 모습 조사하는 방법을 두 가지 모두 바르게 서술한 경우
하	지역의 달라진 모습 조사하는 방법을 한 가지만 서술한 경우

수행평가 1회 30쪽

1 연표
2 모범 답안 어떤 일이 언제 일어났는지 알 수 있다. / 과거의 일들이 어떤 순서로 일어났는지 알 수 있다. / 과거의 일이 지금으로부터 얼마나 오래전에 일어난 일인지 알 수 있다.
3 모범 답안 내가 태어나면서부터 지금까지 있었던 중요한 일들을 시간의 흐름대로 정리할 수 있다. / 나에게 중요한 일이 언제 일어났는지 알 수 있다. / 나의 역사를 알 수 있다.

1 연표란 옛날에 있었던 중요한 일들을 일어난 순서대로 나타낸 표로, 과거에 있었던 사건들의 흐름은 연표로 나타낼 수 있습니다.

2 연표를 보면 어떤 일이 중요한 일인지, 그 일이 언제 일어났는지를 한눈에 알 수 있습니다.

채점 기준	
상	연표를 보고 알 수 있는 점을 두 가지 모두 바르게 서술한 경우
하	연표를 보고 알 수 있는 점을 한 가지만 서술한 경우

3 나의 성장 연표를 만들면 나에게 중요한 일이 언제 일어났는지 알 수 있고, 나의 역사를 알 수 있습니다.

채점 기준	
상	'나에게 있었던 중요한 일들을 시간의 흐름대로 정리할 수 있다.', '나에게 중요한 일이 언제 일어났는지 알 수 있다.', '나의 역사를 알고 있다.' 중 한 가지를 바르게 서술한 경우
하	나에게 일어난 중요한 일을 정리할 때의 좋은 점을 미흡하게 서술한 경우

수행 평가 2회 　　　　　　　　　　31쪽

1 ㉣

2 (1) **모범 답안** 수원 팔달문은 옛날 모습 그대로 이어져 내려오고 있다. / 도로의 모습은 변하였지만 도로를 이용한다는 것은 이어져 내려오고 있다.

(2) **모범 답안** 논밭이 사라졌다. / 초가집이 사라졌다.

(3) **모범 답안** 공장이 새로 생겼다. / 아파트가 새로 생겼다.

3 **모범 답안** 지역의 모습은 옛날 모습 그대로 이어져 내려온 것, 달라져서 이어져 내려온 것, 사라진 것, 새롭게 생겨난 것이 있다.

1 제시된 자료는 옛날과 오늘날 수원의 사진입니다. 지역의 달라진 모습을 보여 주는 자료에는 증언, 영상, 책, 사진 등이 있습니다.

2 수원 팔달문은 옛날 모습 그대로 이어져 내려오고 있고, 도로의 모습은 변하였지만 도로를 이용한다는 것은 이어져 내려오고 있습니다. 논밭과 초가집은 사라졌고, 공장과 아파트는 새로 생겼습니다.

채점 기준	
상	(1) 이어져 내려온 것, (2) 사라진 것, (3) 새롭게 생겨난 것을 모두 바르게 서술한 경우
중	(1) 이어져 내려온 것, (2) 사라진 것, (3) 새롭게 생겨난 것 중 두 가지만 바르게 서술한 경우
하	(1) 이어져 내려온 것, (2) 사라진 것, (3) 새롭게 생겨난 것 중 한 가지만 바르게 서술한 경우

3 지역의 달라진 모습을 조사한 자료를 살펴보면 지역의 모습은 옛날 모습 그대로 이어져 내려온 것도 있고, 달라져서 이어져 내려온 것도 있으며, 사라진 것도 있고, 오늘날 새롭게 생겨난 것도 있다는 것을 알 수 있습니다.

채점 기준	
상	'옛날 모습 그대로 이어져 내려온 것', '달라져서 이어져 내려온 것', '사라진 것', '새롭게 생겨난 것'이 있다고 바르게 서술한 경우
하	'옛날 모습 그대로 이어져 내려온 것', '달라져서 이어져 내려온 것', '사라진 것', '새롭게 생겨난 것' 중 일부만 서술한 경우

한·끝·시·리·즈 교과서 학습부터 평가 대비까지 한 권으로 끝! 사회 공부의 진리입니다.

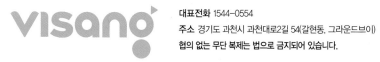

대표전화 1544-0554
주소 경기도 과천시 과천대로2길 54(갈현동, 그라운드브이)
협의 없는 무단 복제는 법으로 금지되어 있습니다.

한끝으로 끝내고, 이제부터 활짝 웃는 거야!

비상 누리집에서 더 많은 정보를 확인해 보세요,
http://book.visang.com/

한끝

실전책

2022 개정 교육과정

주제 평가 대비
· 쪽지 시험
· 주제 평가

단원 평가 대비
· 단원 평가
· 서술형 평가
· 수행 평가

초등
사회
3
·
1

visang

ABOVE IMAGINATION

우리는 남다른 상상과 혁신으로
교육 문화의 새로운 전형을 만들어
모든 이의 행복한 경험과 성장에 기여한다

한끝

실전책

초등사회

3·1

📋 쪽지 시험

❶ 산, 학교, 놀이터, 도서관 등 사람들이 이용하거나 우리가 사는 곳을 이루고 있는 부분을 무엇이라고 합니까?

(   )

❷ (그림 , 동시)(으)로 장소를 표현할 때는 그리고 싶은 장소의 모습과 그곳에서의 경험, 느낌 등을 떠올려 보고, 떠올린 내용이 잘 드러나도록 표현합니다.

❸ 여러 장소에서의 경험과 느낌을 표현할 때는 실제로 (없는 , 있는) 장소를 표현해야 합니다.

❹ 장소를 친구들에게 (   )할 때는 자신이 표현한 장소, 장소를 선택한 까닭, 장소에서의 경험과 느낌을 이야기합니다.

❺ 장소를 표현한 친구들의 작품을 비교해 보면, 장소에 대한 생각과 관심이 서로 (같다 , 다르다)는 것을 알 수 있습니다.

❻ 장소에 대한 서로 다른 생각과 관심을 이해하고 (   )해야 합니다.

중요 ⭐
1 다음 보기 에서 장소에 대한 설명으로 알맞은 것을 모두 골라 기호를 쓰시오.

> 보기
> ㉠ 우리가 생활하는 곳입니다.
> ㉡ 산, 들, 강 등은 장소가 아닙니다.
> ㉢ 장소에는 공원, 문구점 등이 있습니다.

(   )

2 다음 장소와 그 장소가 어떤 곳인지 바르게 선으로 연결하시오.

(1)
↑ 병원

•㉠ 다양한 물건을 사고 팔 수 있는 곳

(2)
↑ 학교

•㉡ 몸이 아플 때 치료 받을 수 있는 곳

(3)
↑ 시장

•㉢ 친구들과 공부하고 운동장에서 놀 수 있는 곳

3 다음 ( ) 안에 공통으로 들어갈 알맞은 장소는 어디입니까? (   )

(   )은 내가 가장 좋아하는 장소야. 친구들과 수영하는 것을 좋아하기 때문이지.

① 강
② 학원
③ 도서관
④ 문구점
⑤ 수영장

4 다음 보기 에서 우리가 사는 곳을 그림으로 표현하기 위한 주제로 알맞은 것을 골라 기호를 쓰시오.

보기
㉠ 장소의 미래 모습
㉡ 내가 상상하는 장소의 모습
㉢ 내가 좋아하거나 즐겁게 놀았던 장소의 모습

(   )

[5~6] 다음 ㈎, ㈏ 작품은 좋아하는 장소를 그린 것입니다. 물음에 답하시오.

㈎   ㈏

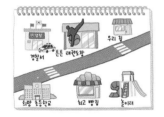   

5 다음 은우가 친구들에게 소개한 작품은 무엇인지 위 ㈎, ㈏에서 골라 기호를 쓰시오.

은우: 나는 태권도를 좋아해. 그래서 내가 다니는 튼튼 태권도장을 크게 그렸어.

(   )

6 위 ㈎, ㈏ 작품을 통해 알 수 있는 내용이 <u>아닌</u> 것은 어느 것입니까? (   )

① 모두 강이 그려져 있다.
② 모두 학교가 그려져 있다.
③ 모두 도로가 그려져 있다.
④ 모두 그림지도로 표현했다.
⑤ 모두 좋아하는 장소를 그렸다.

7 다음 (   ) 안에 들어갈 알맞은 말을 쓰시오

사람들은 장소에서의 경험과 느낌을 바탕으로 그 장소를 생각하고 (   )을/를 가지게 됩니다.

(   )

[8~9] 다음 ㈎, ㈏ 작품을 보고, 물음에 답하시오.

㈎   ㈏

8 위 ㈎, ㈏ 작품을 표현한 방법은 무엇입니까?
(   )

① 책   ② 그림   ③ 사진
④ 동시   ⑤ 영상

9 위 ㈎, ㈏ 작품을 바르게 비교한 어린이는 누구인지 이름을 쓰시오.

• 시진: ㈎, ㈏ 작품 모두 학교에서 재미있게 놀았던 경험을 그림으로 표현했어.
• 준이: ㈎ 작품에는 놀이터를 즐거웠던 장소로 표현했고, ㈏ 작품에는 울었던 장소로 표현했어.

(   )

10 장소에 대한 서로 다른 생각에 대해 가져야 할 자세로 알맞은 것을 <u>두 가지</u> 고르시오.
(,   )

① 친구의 생각을 존중한다.
② 친구의 생각을 이해한다.
③ 친구의 생각을 무시한다.
④ 친구의 생각에 무조건 따른다.
⑤ 친구의 생각에 관심을 갖지 않는다.

📋 쪽지 시험

❶ 우리가 사는 곳에는 사람들이 편리하고 안전하게 살아가는 데 (   )이/가 되는 다양한 장소가 있습니다.

❷ 사람들의 (문화생활 , 편리한 생활)을 돕는 장소로 우체국, 행정 복지 센터 등이 있습니다.

❸ 비행기에서 찍은 사진이나 인공위성에서 찍은 사진을 이용해 만든 지도는 무엇입니까?

(   )

❹ 실제로 장소에 가서 직접 보고 듣고 조사하여 자세한 정보를 얻는 활동을 무엇이라고 합니까?

(   )

❺ 우리가 사는 살기 좋은 곳은 시설이 잘 갖추어져 사람들이 (편리 , 불편)하게 생활할 수 있는 곳입니다.

❻ 우리가 사는 곳을 더 살기 좋게 만들 방안을 알리기 위해 장소에 직접 가서 (   ) 활동을 할 수 있습니다.

1 다음 주제와 관련된 장소를 바르게 선으로 연결하시오.

(1) 여가와 관련된 장소 •

• ㉠

↑ 도서관

(2) 건강과 관련된 장소 •

• ㉡

↑ 체육관

(3) 교육과 관련된 장소 •

• ㉢

↑ 보건소

2 다음에서 설명하는 장소가 <u>아닌</u> 곳은 어디입니까? (   )

사람들이 다른 곳으로 이동할 때 이용하는 장소입니다.

① 공항   ② 항구
③ 기차역   ④ 백화점
⑤ 버스 터미널

중요

3 다음 보기 에서 우리가 사는 곳에 도움을 주는 장소를 찾아보는 방법으로 알맞은 것을 모두 골라 기호를 쓰시오.

보기
㉠ 내가 쓴 일기에서 찾아보기
㉡ 장소를 잘 아는 어른께 여쭈어보기
㉢ 장소의 안내 책자나 홍보 자료 찾아보기

(   )

4 다음 (   ) 안에 들어갈 알맞은 말에 ○표 하시오.

> (책 , 컴퓨터)을/를 활용하여 우리가 사는 곳의 모습을 영상으로 살펴볼 수 있습니다.

5 다음 기능에 해당하는 것을 디지털 영상지도에서 골라 기호를 쓰시오.

> 검색창에 장소 이름이나 주소를 쓰고, 돋보기 단추를 누르면 장소의 위치와 모습이 표시됩니다.

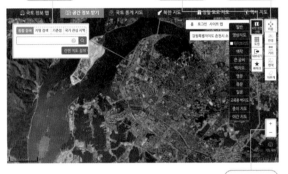

(   )

6 디지털 영상지도를 이용하여 장소를 자세히 보기 위한 방법으로 알맞은 것은 어느 것입니까?
(   )

① + 단추를 누른다.
② 이동 단추를 누른다.
③ 돋보기 단추를 누른다.
④ 장소의 이름을 검색한다.
⑤ 원하는 종류의 지도를 선택한다.

7 우리가 사는 곳을 조사하기 위해 답사 계획을 세우려고 합니다. 답사 계획서에 들어갈 내용이 <u>아닌</u> 것은 어느 것입니까? (   )

① 준비물   ② 답사 장소
③ 답사 목적   ④ 역할 나누기
⑤ 새롭게 알게 된 점

8 우리가 사는 곳을 답사할 때 다음 모습을 볼 수 있는 과정을 보기 에서 골라 기호를 쓰시오.

> 답사 장소에서 사진이나 영상을 찍고, 답사 내용을 기록합니다.

> 보기
> ㉠ 답사하기
> ㉡ 답사 계획 세우기
> ㉢ 답사 결과 정리하기

(   )

9 우리가 사는 곳을 살기 좋은 곳으로 만들기 위한 방안으로 알맞은 것에 ○표 하시오.

⑴ 공원에 쓰레기가 많아도 참고 지냅니다.
(   )

⑵ 학교 주변이 안전하도록 학교 주변 인도에 울타리를 설치합니다. (   )

10 다음과 같이 우리가 사는 곳을 더 살기 좋은 곳으로 만들기 위한 방안을 알리는 방법으로 알맞은 것을 <u>두 가지</u> 고르시오. (,   )

우리가 사는 곳에 도서관을 세워 달라고 의견을 올리자.

① 사진 찍기
② 그림 그리기
③ 홍보 활동하기
④ 누리집 이용하기
⑤ 사회 관계망 서비스(SNS) 이용하기

1 우리 주변의 여러 장소

1 다음 밑줄 친 '이곳'에 들어갈 알맞은 장소는 어디입니까? ( )

> <u>이곳</u>은 예방 주사를 맞거나 몸이 아플 때 치료받는 곳입니다.

① 산   ② 바다   ③ 시장
④ 병원   ⑤ 도서관

2 다음 장소에서의 경험으로 알맞은 것은 어느 것입니까? ( )

↑ 문구점

① 강아지와 산책했다.
② 책을 읽은 후 빌려 왔다.
③ 줄넘기를 하며 즐겁게 놀았다.
④ 친구들이랑 학용품을 사러 갔다.
⑤ 가족과 맛있는 음식을 먹으러 갔다.

3 다음과 같이 장소를 표현한 방법으로 알맞은 것을 보기 에서 골라 기호를 쓰시오.

↑ 놀이터

> 보기
> ㉠ 동시로 놀이터를 표현하였습니다.
> ㉡ 그림으로 놀이터를 표현하였습니다.
> ㉢ 사진으로 놀이터를 표현하였습니다.

( )

중요
4 우리 주변의 장소를 동시로 표현하는 방법으로 알맞지 <u>않은</u> 것은 어느 것입니까? ( )

① 동시의 주제를 정한다.
② 낱말을 이용하여 동시를 쓴다.
③ 동시로 표현할 장소를 정한다.
④ 장소에서의 경험과 느낌을 생각하며 동시를 쓴다.
⑤ 머릿속에 떠오르는 상상 속의 장소를 동시로 표현한다.

◀ 서술형
5 장소에서의 경험과 느낌을 표현할 때 주의할 점을 <u>두 가지</u> 쓰시오.

_____

_____

6 다음 영서가 장소를 소개하기 위해 표현한 방법은 무엇입니까? ( )

학교에서 집으로 가는 길에 있는 장소들을 표현했어.

영서

① 책   ② 사진   ③ 일기
④ 동시   ⑤ 그림지도

7 다음 ( ) 안에 들어갈 알맞은 말을 쓰시오.

> 사람들은 장소에서의 경험과 느낌을 바탕으로 그 장소를 생각하고 ( )을/를 가지게 됩니다.

( )

[8~9] 다음 (가), (나) 작품을 보고 물음에 답하시오.

(가)	(나)
내가 좋아하는 장소들	**소망 시장에 가면**
내가 좋아하는 수영장 친구들과 물놀이를 하니 시원하고 즐거워	소망 시장에 가면 알록달록한 과일도 있고
내가 좋아하는 문구점 학교 준비물이 여기에 다 있네 물건을 구경하는 재미가 있어	소망 시장에 가면 반짝반짝 생선도 있고
내가 좋아하는 분식집 달고 매운 떡볶이랑 바삭바삭 튀김 정말 맛있어	소망 시장에 가면 맛있는 음식 냄새가 솔솔 재미있는 소망 시장으로 어서어서 오세요

8 위 (가), (나) 작품을 표현한 방법으로 알맞은 것을 보기 에서 골라 기호를 쓰시오.

> **보기**
> ㉠ 동시   ㉡ 편지   ㉢ 일기

( )

9 위 (가), (나) 작품을 비교한 내용으로 알맞은 것은 어느 것입니까? ( )

① (가), (나) 작품 모두 같은 주제로 표현하였다.
② (가), (나) 작품에는 모두 소망 시장을 표현하였다.
③ (가), (나) 작품 모두 내가 가장 좋아하는 장소를 표현하였다.
④ (가), (나) 작품 속에 담겨 있는 장소에서의 경험과 느낌이 서로 같다.
⑤ (가) 작품에는 여러 장소를 표현하였으나 (나) 작품에는 한 장소를 표현하였다.

◀ 서술형

10 장소에 대해 서로 생각과 느낌이 다를 때 가져야 할 자세를 쓰시오.

_____

_____

---

2 우리가 사는 살기 좋은 곳

11 놀이나 여가를 즐길 때 이용하는 장소가 아닌 곳은 어디입니까? ( )

① 공원   ② 체육관
③ 운동장   ④ 놀이터
⑤ 보건소

12 다음 여러 장소의 주제와 장소를 바르게 선으로 연결하시오.

(1) 안전에 도움을 주는 장소 •   • ㉠ 학교, 학원

(2) 교육과 관련된 장소 •   • ㉡ 경찰서, 소방서

(3) 이동할 때 이용하는 장소 •   • ㉢ 버스 터미널, 기차역

13 직접 돌아다니면서 장소를 살펴볼 때의 좋은 점으로 알맞은 것을 두 가지 고르시오.

(,)

① 여러 장소의 실제 모습을 볼 수 있다.
② 장소의 모습을 확대하여 살펴볼 수 있다.
③ 장소의 모습을 축소하여 살펴볼 수 있다.
④ 우리가 사는 곳의 전체 모습을 한눈에 살펴볼 수 있다.
⑤ 장소에 있는 사람들과 대화하며 장소에 대해 자세히 알아볼 수 있다.

14 다음과 같은 방법으로 장소를 살펴볼 때의 좋은 점을 쓰시오.

↑ 디지털 영상지도로 살펴보기

_____

_____

15 다음은 국토 정보 플랫폼 누리집에서 디지털 영상지도를 사용하는 과정입니다. 순서대로 기호를 나열한 것은 어느 것입니까? (　　)

> ㉠ 검색창에 찾고 싶은 장소 검색하기
> ㉡ 화면을 이동하면서 장소의 모습 살펴보기
> ㉢ '국토 정보 맵'에서 '통합 지도 검색' 누르기
> ㉣ 화면의 오른쪽 위에 있는 '바탕 화면 선택'을 누른 후 지도의 종류 선택하기

① ㉠ → ㉡ → ㉢ → ㉣
② ㉡ → ㉣ → ㉠ → ㉢
③ ㉢ → ㉣ → ㉢ → ㉠
④ ㉢ → ㉣ → ㉠ → ㉡
⑤ ㉣ → ㉢ → ㉠ → ㉡

16 다음 디지털 영상지도에서 지도의 종류를 바꿀 수 있는 것을 골라 기호를 쓰시오.

(　　　　　　)

17 다음은 우리가 사는 곳을 답사하는 과정입니다. ㈎에 들어갈 과정으로 알맞은 것은 어느 것입니까? (　　)

| 답사 계획 세우기 | → | ㈎ | → | 답사 결과 정리하기 |

① 답사할 장소를 정한다.
② 답사하는 목적을 정한다.
③ 답사할 때 주의할 점을 정한다.
④ 답사하면서 새롭게 알게 된 점을 정리한다.
⑤ 답사하는 장소의 좋은 점과 불편한 점을 조사한다.

18 우리가 사는 곳을 답사한 후 작성한 답사 보고서에 들어갈 내용이 <u>아닌</u> 것은 어느 것입니까? (　　)

① 주의할 점　　　② 답사 장소
③ 답사 목적　　　④ 답사 내용
⑤ 새롭게 알게 된 점

19 다음 (　　) 안에 들어갈 알맞은 말을 쓰시오.

> 우리가 (　　)은/는 여가, 교육, 안전, 건강 등을 위한 다양한 시설이 잘 갖추어진 곳입니다.

(　　　　　　)

20 다음 밑줄 친 부분에 들어갈 내용으로 알맞은 것은 어느 것입니까? (　　)

> • 질문: 우리가 사는 곳을 더 안전하게 만들 수 있는 방안에는 어떤 것이 있나요?
> • 대답: _____

① 놀이터를 많이 만들어요.
② 공원의 쓰레기를 치워요.
③ 곳곳에 도서관을 만들어요.
④ 학교 주변의 인도 옆에 울타리를 설치해요.
⑤ 건강하게 생활할 수 있도록 병원을 만들어요.

1 우리 주변의 여러 장소

1 다음 ( ) 안에 들어갈 알맞은 말을 쓰시오.

> 학교, 도서관, 공원, 산, 강 등과 같이 우리가 생활하는 곳을 ( )(이)라고 합니다.

( )

중요

2 학교에서의 경험을 <u>잘못</u> 말한 어린이는 누구입니까? ( )

① 가족과 산책을 할 수 있어.

② 다양한 과목을 배워.

③ 급식 시간에 맛있는 음식을 먹어.

④ 친구와 운동장에서 즐겁게 놀 수 있어.

3 다음 장소 카드의 ㉠에 들어갈 내용으로 알맞은 것은 어느 것입니까? ( )

시장

㉠

① 재미있는 책을 읽었어요.
② 맛있는 음식을 먹었어요.
③ 아플 때 치료를 받았어요.
④ 어머니와 물건을 사러 갔어요.
⑤ 친구들과 책을 빌리러 갔어요.

[4~5] 다음 자료를 보고, 물음에 답하시오.

> **내가 좋아하는 장소들**
>
> 내가 좋아하는 수영장
> 친구들과 물놀이를 하니
> 시원하고 즐거워
>
> 내가 좋아하는 문구점
> 학교 준비물이 여기에 다 있네
> 물건을 구경하는 재미가 있어
>
> 내가 좋아하는 분식집
> 달고 매운 떡볶이랑
> 바삭바삭 튀김 정말 맛있어

4 위와 같이 장소를 표현하는 방법은 무엇입니까? ( )

① 동시 ② 사진 ③ 일기
④ 편지 ⑤ 그림지도

서술형

5 위 자료의 주제는 무엇인지 쓰시오.

_____

_____

6 다음 보기 에서 장소에서의 경험과 느낌을 표현할 때 주의할 점으로 알맞은 것을 골라 기호를 쓰시오.

> **보기**
>
> ㉠ 상상 속의 장소 표현하기
> ㉡ 우리 주변에 실제로 있는 장소 표현하기
> ㉢ 장소에서 보고 느낀 것을 반드시 모두 표현하기

( )

7 장소에서의 경험을 소개하기 위해 만든 오른쪽 작품은 무엇인지 쓰시오.

(　　　　)

8 다음 〈보기〉에서 두 작품을 비교하였을 때 공통으로 표현한 장소를 모두 골라 기호를 쓰시오.

┌─ 보기 ─────────────────────┐
ㄱ 은행　　　　　 ㄴ 희망산
ㄷ 소망 시장　　　 ㄹ 희망 초등학교
└──────────────────────────┘

(　　　　　　)

★중요

9 장소에서의 경험과 느낌을 표현한 작품을 비교하는 방법으로 알맞지 <u>않은</u> 것은 어느 것입니까? (　)

① 표현한 장소들의 위치를 비교한다.
② 표현한 장소들의 크기를 비교한다.
③ 표현한 장소들의 범위를 비교한다.
④ 작품 속에 담겨 있는 친구의 경험을 비교한다.
⑤ 친구와 내가 생각한 장소의 미래 모습을 비교한다.

10 다음 (　　) 안에 들어갈 알맞은 말을 쓰시오.

┌──────────────────────────┐
• 선생님: 장소에 대한 서로 다른 생각과 느낌에 대해 어떤 자세를 가져야 할까요?
• 학생: 장소에 대한 사람들의 서로 다른 생각과 느낌을 이해하고 (　　)해야 합니다.
└──────────────────────────┘

(　　　　　)

---

2 우리가 사는 살기 좋은 곳

11 사람들이 문화생활을 할 수 있도록 도와주는 장소는 어디입니까? (　)

①
↑ 공원

②
↑ 체육관

③
↑ 박물관

④
↑ 백화점

◀ 서술형

12 만약 우리가 사는 곳에 사람들에게 도움을 주는 장소가 없다면 어떤 일이 생길지 쓰시오.

_____

_____

13 우리가 사는 곳을 잘 아는 어른께 여쭈어볼 때의 좋은 점으로 알맞은 것을 골라 ○표 하시오.

(1) 장소의 전체 모습을 한눈에 볼 수 있습니다.
(　)

(2) 대화하며 장소에 대해 자세히 알 수 있습니다.
(　)

14 우리가 사는 곳을 살펴볼 수 있는 방법이 <u>아닌</u> 것은 어느 것입니까? (　)

① 컴퓨터를 활용한다.
② 머릿속으로 상상한다.
③ 스마트폰을 활용한다.
④ 안내 책자나 홍보 자료를 살펴본다.
⑤ 디지털 영상지도를 이용하여 살펴본다.

15 다음 〈보기〉에서 디지털 영상지도로 장소의 모습을 살펴볼 때의 좋은 점을 모두 골라 기호를 쓰시오.

〈보기〉

ㄱ 장소의 위치를 쉽게 알 수 있습니다.
ㄴ 장소의 전체 모습을 살펴볼 수 있습니다.
ㄷ 장소에 있는 사람과 대화할 수 있습니다.

( )

16 다음 디지털 영상지도로 살펴볼 수 있는 장소의 모습이 <u>아닌</u> 것은 어느 것입니까? ( )

① 장소의 위치를 살펴볼 수 있다.
② 장소의 실제 모습을 살펴볼 수 있다.
③ 장소의 전체 모습을 살펴볼 수 있다.
④ 장소의 미래 모습을 살펴볼 수 있다.
⑤ 장소의 자세한 모습을 살펴볼 수 있다.

17 다음 ㄱ~ㅁ에 들어갈 말을 바르게 연결한 것은 어느 것입니까? ( )

〈우리가 사는 곳 답사 계획서〉

ㄱ	우리가 사는 곳의 좋은 점과 불편한 점 조사하기
ㄴ	공원 → 체육관 → 도서관
ㄷ	장소를 이용하는 데 좋은 점과 불편한 점은 무엇일까?
ㄹ	기록장, 필기도구, 사진기, 휴대 전화
ㅁ	• 항상 보호자와 함께 다니기 • 답사하면서 위험한 행동하지 않기

① ㄱ – 답사 장소   ② ㄴ – 답사 방법
③ ㄷ – 답사 목적   ④ ㄹ – 답사 내용
⑤ ㅁ – 주의할 점

◀ 서술형

18 우리가 사는 곳의 좋은 점과 불편한 점을 답사하면서 새롭게 알게 된 점이나 느낀 점을 쓰시오.

_____

_____

19 다음과 같은 시설을 만든 까닭을 알맞게 말한 어린이를 골라 이름을 쓰시오.

• 예지: 우리의 여가 생활에 도움을 주기 위해서야.
• 연희: 우리의 문화생활에 도움을 주기 위해서야.
• 도준: 우리의 안전한 생활에 도움을 주기 위해서야.

( )

20 우리가 사는 곳을 더 살기 좋게 만들 방안을 알리기 위해 다음과 같이 활동하는 방법은 무엇입니까? ( )

① 사진 찍기
② 책 만들기
③ 홍보 활동하기
④ 누리집에 의견 올리기
⑤ 디지털 영상지도로 살펴보기

서술형 **평가** 1회

1. 우리가 사는 곳

1 다음 사진을 보고 물음에 답하시오.

(1) 위의 장소는 어디인지 쓰시오.

(   )

(2) 위 장소에 대한 나의 경험을 쓰시오.

_____

_____

2 다음 작품을 보고 물음에 답하시오.

↑ 편의점을 중심으로 여러 장소를 표현한 작품

(1) 위와 같이 장소를 표현한 방법을 무엇이라고 하는지 다음에서 골라 쓰시오.

• 사진	• 영상	• 그림지도

(   )(으)로 표현하기

(2) 위 (1)번 답을 표현하는 과정을 쓰시오.

_____

_____

3 다음은 장소에서의 경험과 느낌을 동시로 표현한 것입니다. ㈎, ㈏ 작품을 비교하였을 때 다른 점을 쓰시오.

㈎	㈏
내가 좋아하는 장소들 내가 좋아하는 수영장 친구들과 물놀이를 하니 시원하고 즐거워 내가 좋아하는 문구점 학교 준비물이 여기에 다 있네 물건을 구경하는 재미가 있어 내가 좋아하는 분식집 달고 매운 떡볶이랑 바삭바삭 튀김 정말 맛있어	**소망 시장에 가면** 소망 시장에 가면 알록달록한 과일도 있고 소망 시장에 가면 반짝반짝 생선도 있고 소망 시장에 가면 맛있는 음식 냄새가 솔솔 재미있는 소망 시장으로 어서어서 오세요

_____

_____

4 다음은 장소에 대한 생각과 느낌에 대해 이야기를 나누는 모습입니다. ㉠에 들어갈 내용을 쓰시오.

주변 여러 장소에서의 경험과 느낌은 사람마다 다른 것 같아.

응. 그래서 장소에 대한 서로의 생각을 _____㉠_____

_____

_____

서술형 평가 2회   1. 우리가 사는 곳

1 다음 장소는 사람들에게 어떤 도움을 주는지 쓰시오.

↑ 버스 터미널

↑ 기차역

_____

_____

2 다음은 우리가 사는 곳을 살펴보는 모습을 나타 낸 것입니다. 물음에 답하시오.

범죄를 예방하고, 교통질서를 유지하는 일을 해요.

경찰서에서 주로 어떤 일을 하시나요?

(1) 위와 같이 우리가 사는 곳을 살펴보는 방법 은 무엇인지 다음에서 골라 쓰시오.

- 직접 돌아다니기
- 안내 책자로 살펴보기
- 디지털 영상지도로 살펴보기

(   )

(2) 위와 같은 방법으로 우리가 사는 곳을 살펴 볼 때 좋은 점을 쓰시오.

_____

_____

3 다음 자료를 보고 물음에 답하시오.

(1) 위 자료의 이름을 쓰시오.

(   )

(2) 위 자료의 특징을 두 가지 쓰시오.

_____

_____

4 다음 자료를 보고 우리가 생각하는 살기 좋은 곳의 특징을 쓰시오.

학교 주변이 안전해야 해.

친구들과 안전하게 놀 수 있는 놀이터가 많아야 해.

어두운 밤에도 안전하게 다닐 수 있어야 해.

쓰레기가 없는 깨끗한 공원이 있어야 해.

_____

_____

수행 **평가** **1**회   1. 우리가 사는 곳

평가 주제	우리 주변 여러 장소에서의 경험과 느낌을 표현하고 비교하기
목표	장소에서의 경험과 느낌을 다양한 방법으로 표현하고 장소에 대한 생각과 관심을 비교할 수 있다.

[1~3] 다음 장소에서의 경험과 느낌을 표현한 ㈎, ㈏ 작품을 보고 물음에 답하시오.

㈎   ㈏

내가 좋아하는 곳에서 친구와 즐겁게 놀았던 경험을 표현했어.

학교에서 집으로 가는 길에 있는 장소들을 표현했어. 그중 태권도를 좋아해서 태권도장을 크게 그렸어.

1 위 ㈎, ㈏ 작품에 공통으로 표현된 장소는 어디인지 쓰시오.

(   )

2 위 ㈎, ㈏ 작품을 비교했을 때 다른 점을 <u>두 가지</u> 쓰시오.

_____

_____

3 위 친구들의 작품을 비교해 보고, 좋아하는 장소가 서로 다른 까닭은 무엇인지 쓰시오.

_____

_____

수행 평가 2회   1. 우리가 사는 곳

평가 주제	우리가 사는 곳의 좋은 점과 불편한 점 조사하기
목표	우리가 사는 곳의 좋은 점과 불편한 점을 조사하면서 살기 좋은 곳의 특징을 알 수 있다.

1 단원

[1~3] 다음은 우리가 사는 곳의 좋은 점과 불편한 점을 답사하는 모습입니다. 물음에 답하시오.

↑ 공원   ↑ 체육관   ↑ 도서관   ↑ 편의점

1 위 답사하는 모습을 보고, 다음 표에 내용을 정리하시오.

답사 장소	답사 장소의 좋은 점과 불편한 점
공원	깨끗해서 편하게 산책할 수 있다.
체육관	㉠
도서관	책이 찢어져 있어서 읽기 불편하다.
편의점	㉡

2 위와 같이 우리가 사는 곳을 답사할 때 주의할 점을 <u>두 가지</u> 쓰시오.

_____

_____

_____

3 우리가 사는 곳을 조사한 후 알게 된 살기 좋은 곳의 특징을 다음 단어를 넣어 쓰시오.

• 안전   • 건강   • 교육   • 여가   • 문화생활

_____

_____

주제 평가

① 일상에서 경험하는 시간의 흐름 ☆

📋 쪽지 시험

❶ 봄, 여름, 가을, 겨울처럼 (   )이/가 바뀌는 것을 보면 시간이 흐르고 있음을 알 수 있습니다.

❷ (년대 , 시대)는 역사적으로 어떤 기준에 따라 구분한 일정한 기간을 나타냅니다.

❸ 옛날에 있었던 중요한 일들을 일어난 순서대로 나타낸 표를 무엇이라고 합니까?
(   )

❹ 시간의 흐름을 표현한 자료 중 학급에서 시간 별로 공부하는 과목을 적은 표는 무엇입니까?
(   )

❺ 옛날에 찍은 (   )(이)나 영상을 살펴보면 나에게 일어난 중요한 일을 알 수 있습니다.

❻ 가족의 (연표 , 일기)를 만들면 우리 가족이 겪었던 일들의 흐름을 알 수 있습니다.

1 시간의 흐름을 알 수 있는 것을 잘못 말한 어린이는 누구입니까? (   )

① 계절이 바뀌는 것을 보면 알 수 있어.

② 시곗바늘이 움직이는 것을 보면 알 수 있어.

③ 내가 태어나서 성장하는 것을 보면 알 수 있어.

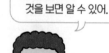
④ 하품을 하면 눈물이 나는 것을 보면 알 수 있어.

2 앞으로 다가올 시간을 표현하는 말을 두 가지 고르시오. (,   )

① 과거   ② 미래   ③ 옛날
④ 훗날   ⑤ 오늘날

중요

3 다음 신문 기사의 ㉠~㉤ 중 시간을 표현하는 말로 알맞지 <u>않은</u> 것은 어느 것입니까? (   )

○○신문   1988년 9월 17일

제24회 서울 ㉠ 올림픽 드디어 열려!
1988년 9월 17일 ㉡ 토요일 ㉢ 오전 10시 30분, 서울 올림픽 대회의 개막식이 열렸다. 서울 올림픽 대회는 ㉣ 오늘부터 ㉤ 10월 2일까지 16일간 펼쳐진다.

---

① ㉠   ② ㉡   ③ ㉢
④ ㉣   ⑤ ㉤

⭐중요

4 연표를 보고 알 수 있는 점을 <u>두 가지</u> 고르시오.
(,)

① 어떤 일이 언제 일어났는지 알 수 있다.
② 어떤 일이 얼마나 중요한 일인지 알 수 있다.
③ 옛날과 오늘날의 생활 모습을 비교할 수 있다.
④ 오늘날 사람들이 가장 좋아하는 일을 알 수 있다.
⑤ 과거의 일이 지금으로부터 얼마나 오래전에 일어난 일인지 알 수 있다.

5 다음과 같이 시간의 흐름을 표현한 자료는 무엇입니까? ( )

① 달력
② 일기
③ 신문 기사
④ 생활 계획표
⑤ 학급 시간표

6 다음 ( ) 안에 들어갈 알맞은 말을 쓰시오.

> 나에게 일어난 중요한 일을 떠올리면 내가 그동안 어떤 ( )을/를 하였는지 알 수 있습니다.

( )

7 나에게 일어난 중요한 일을 조사하는 방법으로 알맞은 것에 ○표, 알맞지 <u>않은</u> 것에 ✕표 하시오.

⑴ 박물관에 가서 조사합니다. ( )
⑵ 옛날에 찍은 사진을 살펴봅니다. ( )
⑶ 나를 잘 아는 주변 어른께 여쭈어봅니다.
( )

[8~9] 다음 자료를 보고 물음에 답하시오.

> 나에게 일어난 중요한 일 떠올리기 ➡ 언제 일이닌 일인지 사건의 순서 확인하기 ➡
>
> 연도를 표시하고, 각 연도에 일어난 일을 순서대로 쓰기 ➡ 연표의 제목을 붙이고 연표 완성하기

8 위와 같은 순서로 만드는 자료는 무엇인지 쓰시오.

( )

9 8번 답의 자료를 만들 때의 좋은 점으로 알맞은 것은 어느 것입니까? ( )

① 우리 가족의 역사를 알 수 있다.
② 아주 먼 옛날의 일을 알 수 있다.
③ 나의 미래 모습을 상상할 수 있다.
④ 내가 좋아하는 일이 무엇인지 알 수 있다.
⑤ 나에게 중요한 일이 언제 일어났는지 알 수 있다.

10 다음 ( ) 안에 들어갈 알맞은 말에 ○표 하시오.

> 나의 이야기책을 만들 때는 (시간 , 공간)의 흐름이 잘 드러나게 만들어야 합니다.

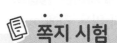

1 옛날에 사용한 물건 중 소중히 간직하는 물건을 무엇이라고 합니까?

(   )

2 (기와집 , 초가집)은 볏짚 등으로 지붕을 덮은 옛날의 건축물입니다.

3 오래된 물건이나 (   )을/를 살펴보면 옛날 사람들의 생활 모습을 알 수 있습니다.

4 오래된 물건이나 자료의 사진을 찍어 올 수 있는 곳을 한 곳만 쓰시오.

(   )

5 오래된 물건이나 자료를 찾을 때는 오래된 물건이나 자료의 (   )에게 빌리거나 사진을 찍어도 되는지 허락을 받아야 합니다.

6 어떤 물건이나 자료를 선택하였는지에 따라 과거에 대한 설명이 (같아질 , 달라질) 수 있기 때문에 다양한 자료를 찾아보고 비교해야 합니다.

---

1 나의 과거 모습을 알려 주는 것들로 알맞지 <u>않은</u> 것은 어느 것입니까? (   )
① 나의 애장품
② 옛날에 쓴 일기
③ 옛날에 찍은 사진
④ 내가 다니던 유치원 건물
⑤ 올해 처음 만난 친구의 이야기

2 오래된 물건에 대한 설명을 바르게 선으로 연결하시오.

(1) 요강 • • ㉠ 버스를 탈 때 내는 동전 모양의 물건

(2) 토큰 • • ㉡ 방 안에서 오줌을 눌 때 사용하는 그릇

(3) 무선 호출기 • • ㉢ 호출한 사람의 전화번호 등을 알려 주는 물건

중요
3 과거의 모습을 알 수 있는 오래된 자료로 알맞은 것을 <u>두 가지</u> 고르시오. (,   )
① 생활 계획표
② 옛날에 쓴 일기
③ 오늘 찍은 사진
④ 상상해서 그린 그림
⑤ 주변 어르신의 증언

4 다음 밑줄 친 '이것'은 무엇입니까? (　　)

옛날에는 전기가 없어서 곡식을 갈 때 돌과 돌을 마찰시켜서 돌리는 <u>이것</u>으로 갈았어요.

① 맷돌　　　　② 요강
③ 토큰　　　　④ 카세트테이프
⑤ 빨래판과 빨랫방망이

5 오래된 물건이나 자료를 보고 알 수 있는 점으로 알맞은 것은 어느 것입니까? (　　)

① 옛날 사람들의 생활 모습을 알 수 있다.
② 오늘날 사람들의 생활 모습을 알 수 있다.
③ 오늘날 사람들이 자주 찾는 장소를 알 수 있다.
④ 우리 지역의 미래 모습이 어떻게 변화할지 예측할 수 있다.
⑤ 오늘날 우리 지역의 자연환경에서 나타나는 특징을 알 수 있다.

6 오래된 물건이나 자료를 찾는 방법을 잘못 말한 어린이는 누구입니까? (　　)

① 아름: 인터넷으로 찾아봐야지.
② 은수: 집에서 직접 가져와야지.
③ 주혁: 할아버지께 여쭈어봐야지.
④ 건우: 디지털 영상지도로 찾아봐야지.
⑤ 세아: 민속촌에서 사진으로 찍어 와야지.

7 다음 (　　) 안에 들어갈 알맞은 말을 쓰시오.

오래된 물건이나 자료에 대한 설명을 어른께 들을 때는 내용을 글로 적거나 (　　)을/를 하면 좋습니다.

(　　　　　　　　)

8 다음은 어떤 기준에 따라 오래된 물건이나 자료를 정리한 것입니까? (　　)

• 맷돌　　　　• 절구
• 부뚜막 사진　• 옛날 밥상 사진

① 집과 관련 있는 자료
② 옷과 관련 있는 자료
③ 음식과 관련 있는 자료
④ 공부와 관련 있는 자료
⑤ 놀이와 관련 있는 자료

9 다음 보기 에서 오래된 물건이나 자료에서 과거의 모습을 살펴보는 방법으로 알맞은 것을 모두 골라 기호를 쓰시오.

보기
㉠ 물건이나 자료를 자세하게 관찰합니다.
㉡ 물건을 언제 사용하였을지 생각해 봅니다.
㉢ 물건을 무엇으로 만들었는지 생각해 봅니다.
㉣ 물건이나 자료가 미래에 어떻게 변화할지 상상해봅니다.

(　　　　　　　　)

중요
10 같은 자료를 선택하더라도 사람마다 과거에 대한 설명이 다를 수 있는 까닭을 두 가지 고르시오. (　　, 　　)

① 사람들의 생각이 비슷하기 때문에
② 사람마다 생각이 다를 수 있기 때문에
③ 사람마다 흥미가 다를 수 있기 때문에
④ 사람들이 과거에 대해 관심이 없기 때문에
⑤ 사람들이 좋아하는 자료가 비슷하기 때문에

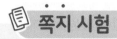
쪽지 시험

❶ 옛날 지역의 모습은 오늘날 (   ) 모습도 있고, 달라진 모습도 있으며, 비슷한 모습도 있습니다.

❷ 옛날에 있었던 일이라고 전해지거나 꾸며서 지어낸 이야기로, 그 지역의 이름이 생겨난 까닭, 옛날 지역의 모습, 옛날 그 지역 사람들의 생활 모습 등을 알 수 있는 것은 무엇입니까?

(   )

❸ 지역의 달라진 모습을 조사하기 전 조사 주제, 조사 방법, 조사할 내용, 주의할 점 등을 계획하여 (조사 계획서 , 조사 보고서)를 작성합니다.

❹ 박물관이나 지역의 (   ) 등 지역과 관련된 장소를 직접 방문하여 지역의 달라진 모습을 조사할 수 있습니다.

❺ 지역의 달라진 모습을 살펴보면 지역 사람들의 달라진 (   )을/를 이해할 수 있습니다.

❻ (옛날 , 오늘날)에는 아파트에서 생활하는 사람들이 많습니다.

1 다음 (   ) 안에 들어갈 말로 알맞지 <u>않은</u> 것은 어느 것입니까? (   )

((   )을/를 살펴보면 지역의 달라진 모습을 알 수 있습니다.)

① 사진
② 영상
③ 증언
④ 옛이야기
⑤ 나의 성장 연표

중요

2 다음 사진에서 알 수 있는 지역의 달라진 모습으로 알맞은 것은 어느 것입니까? (   )

↑ 옛날 여의도 모습

↑ 오늘날 여의도 모습

① 옛날과 오늘날 여의도에 모두 공항이 있다.
② 오늘날에는 여의도에 사람들이 거의 없다.
③ 옛날과 오늘날의 여의도 모습은 변하지 않았다.
④ 사진을 통해서는 지역의 달라진 모습을 알 수 없다.
⑤ 옛날의 여의도 모습은 오늘날 사라진 모습도 있고, 달라진 모습도 있으며, 비슷한 모습도 있다.

3 다음 (   ) 안에 들어갈 알맞은 말에 ○표 하시오.

(지역을 잘 (아는 , 모르는) 어른의 증언을 통해 지역의 달라진 모습과 옛날 사람들의 생활 모습을 자세하게 알 수 있습니다.)

4 다음 ( ) 안에 들어갈 알맞은 지명을 쓰시오.

> 서울특별시 서초구 양재동은 옛날에 여행자들이 쉬면서 타고 온 말에게 죽을 끓여 먹인 곳이라고 해서 '(   )'(이)라고 불리었습니다.

( )

5 지역의 달라진 모습을 조사하기 위해 작성한 계획서에 들어갈 내용으로 알맞지 <u>않은</u> 것은 어느 것입니까? ( )

① 조사 주제 ② 주의할 점
③ 조사 방법 ④ 조사할 내용
⑤ 더 알고 싶은 점

6 다음 어린이는 지역의 달라진 모습을 조사하려고 합니다. 어린이가 방문할 장소는 어디입니까? ( )

> 우리 지역의 유래, 지역에 전해 내려오는 옛이야기 등을 담은 책이나 지역 신문을 찾아 읽어 봐야지.

① 경찰서 ② 놀이터 ③ 도서관
④ 백화점 ⑤ 전통 시장

7 다음은 지역의 달라진 모습을 그림으로 정리한 것입니다. 옛날의 모습이면 '옛', 오늘날의 모습이면 '오'라고 쓰시오.

(1)　　　　　　　(2)

( )　( )

8 다음은 옛날과 오늘날 수원의 모습입니다. 옛날과 비교하여 오늘날에 사라진 것으로 알맞은 것을 <u>두 가지</u> 고르시오. (,)

↑ 옛날 수원　　↑ 오늘날 수원

① 공장 ② 논밭
③ 도로 ④ 아파트
⑤ 초가집

중요
9 옛날 지역 사람들의 생활 모습으로 알맞은 것은 어느 것입니까? ( )

①
↑ 넓은 도로에서 자동차를 타고 다니는 사람들이 많음.

②
↑ 도로에서 소를 끌고 다니는 사람들이 많음.

③
↑ 아파트에서 생활하는 사람들이 많음.

④
↑ 공장, 회사에서 일하는 사람들이 많음.

10 다음 ( ) 안에 들어갈 알맞은 말을 쓰시오.

> 지역의 달라진 모습을 소개하는 활동을 하며 지역의 변화와 지역 사람들의 달라진 ( )을/를 쉽게 이해할 수 있습니다.

( )

① 일상에서 경험하는 시간의 흐름

서술형

1 다음 밑줄 친 부분에 들어갈 내용을 **두 가지** 쓰시오.

> • 선생님: 시간의 흐름을 알 수 있는 사례를 말해 볼까요?
> • 유리: ＿＿＿＿＿＿＿＿＿＿＿＿＿

＿＿＿＿＿＿＿＿＿＿＿＿＿＿＿＿＿＿

＿＿＿＿＿＿＿＿＿＿＿＿＿＿＿＿＿＿

2 시간을 표현하는 말로 알맞지 **않은** 것은 어느 것입니까? ( )

① 과거   ② 시대   ③ 년대
④ 일기   ⑤ 토요일

3 다음에서 설명하는 것은 무엇인지 쓰시오.

> 옛날에 있었던 중요한 일들을 일어난 순서대로 나타낸 표로, 어떤 일이 언제 일어났고 어떤 순서로 일어났는지 알 수 있습니다.

( )

4 다음 ( ) 안에 들어갈 알맞은 말을 **두 가지** 고르시오. (,)

> 옛날에 찍은 ( )을/를 살펴보면 나에게 일어난 중요한 일을 알 수 있습니다.

① 사진   ② 영상
③ 그림지도   ④ 안내 책자
⑤ 디지털 영상지도

5 우리 학교에서 일어난 중요한 일을 조사하는 방법을 **잘못** 말한 어린이는 누구입니까? ( )

① 우리 학교 누리집의 학교 소개를 살펴봐야지.

② 우리 학교 졸업 사진첩을 찾아봐야지.

③ 우리 학교 역사관에 방문해 봐야지.

④ 디지털 영상지도에서 우리 학교를 찾아봐야지.

중요

6 나의 성장 연표를 만드는 과정을 순서대로 알맞게 나열한 것은 어느 것입니까? ( )

> ㉠ 사건의 순서 확인하기
> ㉡ 나에게 일어난 중요한 일 떠올리기
> ㉢ 연표의 제목을 붙이고 연표 완성하기
> ㉣ 연도를 표시하고, 각 연도에 일어난 일을 순서대로 쓰기

① ㉠ → ㉡ → ㉢ → ㉣
② ㉡ → ㉠ → ㉣ → ㉢
③ ㉡ → ㉣ → ㉢ → ㉠
④ ㉣ → ㉠ → ㉢ → ㉡
⑤ ㉣ → ㉡ → ㉠ → ㉢

7 다음 ( ) 안에 공통으로 들어갈 말을 쓰시오.

나의 성장 연표를 바탕으로 나의 ( )을/를 만들 수 있습니다. 나의 ( )을/를 만들 때는 시간의 흐름이 잘 드러나게 만들어야 합니다.

( )

② 주변에서 찾아보는 과거의 모습

◀ 서술형

8 다음 자료들을 통해 알 수 있는 점을 쓰시오.

> • 나의 애장품
> • 어릴 적에 찍은 사진
> • 내가 옛날에 쓴 일기
> • 내가 다니던 유치원 등의 건축물

_____

_____

9 다음 〈보기〉를 오래된 물건과 오래된 자료로 나누어 각각 기호를 쓰시오.

> 〈보기〉
>
> ㉠ 맷돌   ㉡ 요강
> ㉢ 사진   ㉣ 토큰
> ㉤ 노랫말   ㉥ 신문 기사

(1) 오래된 물건: (   )
(2) 오래된 자료: (   )

중요

10 다음과 같은 옛날 사람들의 생활 모습을 알 수 있는 오래된 물건은 무엇입니까? (   )

> 옛날에는 화장실이 집 밖에 있는 경우가 많아서 밤에 방 안에서 오줌을 눌 때 사용하였습니다.

①  ②

③  ④

11 오른쪽은 어떤 방법으로 오래된 물건이나 자료를 찾고 있는 모습입니까? (   )

① 인터넷으로 찾아보기
② 글로 적거나 녹음하기
③ 주변 어른께 여쭈어보기
④ 주변에서 직접 가져오기
⑤ 박물관에서 사진 찍어 오기

12 다음 (   ) 안에 들어갈 알맞은 말을 **두 가지** 고르시오. (,   )

> 내가 찾은 오래된 물건이나 자료를 소개할 때는 물건이나 자료의 (   )을/를 중심으로 소개합니다.

① 가격   ② 가치   ③ 이름
④ 특징   ⑤ 쓰임새

13 다음 (   ) 안에 들어갈 알맞은 말에 ○표 하시오.

> 수진이는 (옷 , 집)과 관련된 오래된 물건이나 자료들을 정리하고 있습니다. 수진이가 정리한 물건이나 자료들은 빨래판과 빨랫방망이, 한복 사진, 재봉틀 사진, 배냇저고리입니다.

14 오래된 물건이나 자료에서 과거의 모습을 살펴보는 방법으로 알맞지 않은 것은 어느 것입니까? (   )

① 자료에 담긴 의미를 생각해 본다.
② 물건이나 자료를 자세하게 관찰한다.
③ 물건을 언제 사용하였을지 생각해 본다.
④ 물건을 파는 곳이 어디인지 생각해 본다.
⑤ 물건을 어떻게 사용하였을지 생각해 본다.

2단원

3 지역 사람들의 달라진 생활 모습

◀ 서술형

15 다음 대화에서 알 수 있는 광양의 달라진 모습을 **두 가지** 쓰시오.

> • 진우: 할아버지, 고향이 전라남도 광양시라고 들었어요. 광양시의 옛날 모습을 알려 주세요.
> • 할아버지: 광양은 바닷가 마을이었어요. 옛날 광양 사람들은 고기를 잡거나 김을 따는 일 등을 하며 생활하였죠.
> • 진우: 오늘날 광양은 어떻게 달라졌나요?
> • 할아버지: 옛날에는 바다였던 곳을 메꿔서 땅으로 만들기도 했고, 넓은 도로와 다리도 생겼어요. 그리고 광양 제철소가 생기면서 그곳에서 일하려는 사람들이 많이 몰려들었어요.

_____

_____

16 지역에 전해 내려오는 옛이야기를 통해 알 수 있는 점으로 알맞지 <u>않은</u> 것은 어느 것입니까?
( )

① 지역의 유래
② 지역의 특징
③ 지역의 역사
④ 지역의 미래 모습
⑤ 옛날 지역 사람들의 생활 모습

17 지역의 달라진 모습을 조사할 때 주의할 점을 **두 가지** 고르시오. (,)

① 질문할 내용을 미리 정한다.
② 믿을 수 있는 자료를 찾아본다.
③ 여러 물건이나 자료를 꼭 만져 본다.
④ 인터넷에서 사진을 몰래 내려받는다.
⑤ 질문은 그 자리에서 생각나는 대로 말한다.

★중요
18 다음에서 설명하는 지역의 달라진 모습을 조사하는 방법은 무엇입니까? ( )

> 시·군·구청 누리집이나 지역 문화원 누리집에 방문합니다.

①    ②

③    ④

19 다음은 옛날과 오늘날 수원의 도로 모습을 볼 수 있는 사진입니다. 옛날의 모습이면 '옛', 오늘날의 모습이면 '오'라고 쓰시오.

(1)   (2)

( )   ( )

20 다음과 같이 지역의 달라진 모습을 소개하는 방법은 무엇입니까? ( )

옛날과 오늘날의 생활 모습이 다릅니다.

① 그림 그리기   ② 사진전 열기
③ 영상 살펴보기   ④ 뉴스 대본 만들기
⑤ 노래 바꾸어 부르기

① **일상에서 경험하는 시간의 흐름**

1 1999년을 년대로 표현할 때 알맞게 표현한 것을 <u>두 가지</u> 고르시오. (,   )

① 100년대라고 표현할 수 있다.
② 1900년대라고 표현할 수 있다.
③ 1990년대라고 표현할 수 있다.
④ 2000년대라고 표현할 수 있다.
⑤ 2020년대라고 표현할 수 있다.

중요
2 연표에 대해 <u>잘못</u> 말한 어린이는 누구입니까?
(   )

① 사건들이 어떤 순서로 일어났는지 알 수 있어.

② 어떤 일이 언제 일어났는지 알 수 있어.

③ 옛날에 있었던 중요한 일들을 일어난 순서대로 나타내.

④ 연표를 만들 때는 직선으로만 만들어야 해.

3 다음 보기 에서 시간의 흐름이 표현되어 있는 자료를 모두 골라 기호를 쓰시오.

보기
㉠ 달력
㉡ 국어사전
㉢ 그림지도
㉣ 학급 시간표

(   )

4 나에게 일어난 중요한 일로 알맞은 것에 ○표, 알맞지 <u>않은</u> 것에 ×표 하시오.

(1) 20□□년, ○○초등학교에 입학하였습니다.
(   )

(2) 20□□년, 제주특별자치도에서 태어났습니다.
(   )

(3) 195□년 6·25 전쟁이 일어나 할머니가 부산으로 피난을 가셨습니다.
(   )

5 다음에서 설명하는 나에게 일어난 중요한 일을 조사하는 방법은 무엇입니까? (   )

옛날에 찍은 사진이나 영상을 살펴봅니다.

① ② ③ ④

서술형
6 다음 밑줄 친 부분에 들어갈 알맞은 내용을 쓰시오.

우리 가족에게 일어난 중요한 일들을 연결해서 가족의 연표를 만들 수 있습니다. 가족의 연표를 만들면 _____을/를 알 수 있습니다.

_____

_____

7 다음에서 설명하는 오래된 물건은 무엇입니까? ( )

> 카세트에 넣어 음악이나 소리를 들을 수 있는 물건입니다.

① 맷돌
② 요강
③ 토큰
④ 무선 호출기
⑤ 카세트테이프

8 다음 ( ) 안에 들어갈 알맞은 말을 쓰시오.

> 오래된 물건의 ( )을/를 상상해 보며 당시 물건을 사용하던 사람들의 생활 모습을 짐작해 볼 수 있습니다.

( )

9 다음 옛날의 일기를 보고 알 수 있는 과거의 모습을 두 가지 고르시오. (,)

> 1935년 10월 27일
> 오늘은 누나가 혼례를 치르는 날이다. 친척과 이웃들이 모여 누나의 혼례를 축하해 주셨다. 누나는 혼례를 치르고 매형과 함께 집에서 며칠을 머문 뒤 매형의 집에 가서 산다고 한다. 누나와 매형이 행복하게 오래오래 살았으면 좋겠다.

① 결혼 후에 신혼여행을 갔다.
② 옛날에는 결혼을 혼례라고 불렀다.
③ 친척과 이웃들이 모여 결혼을 축하해 주었다.
④ 결혼 후에 여자의 가족들과 사는 경우가 많았다.
⑤ 신랑은 턱시도, 신부는 웨딩드레스를 입고 결혼을 했다.

10 오래된 물건이나 자료의 사진을 찍어 올 수 있는 장소는 어디입니까? ( )

① 경찰서
② 놀이터
③ 민속촌
④ 보건소
⑤ 소방서

◀서술형

11 오래된 물건이나 자료를 찾을 때 주의할 점을 두 가지 쓰시오.

_____

_____

12 다음 사진에서 살펴본 과거의 교실 모습에 대한 발표 내용으로 알맞지 않은 것은 어느 것입니까? ( )

① 옛날 교실 사진이에요.
② 옛날에는 흑백 사진이 흔했어요.
③ 옛날에는 교실에 난로가 있었어요.
④ 옛날에는 교실에 에어컨이 있었어요.
⑤ 옛날에는 오늘날보다 한 반에서 공부하는 학생의 수가 많았어요.

⭐중요

13 다음 ㉠, ㉡에 들어갈 알맞은 말에 ○표 하시오.

> 같은 오래된 물건이나 자료를 선택하더라도 사람마다 생각이나 흥미가 ㉠ (같을 , 다를) 수 있기 때문에 과거에 대한 설명이 ㉡ (같을 , 다를) 수 있습니다.

3 지역 사람들의 달라진 생활 모습

14 지역의 달라진 모습을 살펴볼 수 있는 다음 자료는 무엇입니까? ( )

↑ 옛날 한강 철교

↑ 오늘날 한강 철교

① 책
② 영상
③ 증언
④ 지도
⑤ 옛이야기

15 다양한 자료에서 지역의 달라진 모습을 살펴본 후 알게 된 점을 바르게 말한 어린이를 모두 골라 이름을 쓰시오.

- 은혁: 오늘날에는 사라진 모습도 있어.
- 채린: 옛날과 오늘날 모습 중 비슷한 모습은 없어.
- 혜진: 옛날 모습과 오늘날 모습이 다른 것도 있어.

( )

16 지역의 달라진 모습을 조사하는 과정을 순서대로 알맞게 나열한 것은 어느 것입니까? ( )

- ㉠ 조사 방법을 정합니다.
- ㉡ 조사할 내용을 정합니다.
- ㉢ 조사할 주제를 정합니다.
- ㉣ 조사한 내용을 정리합니다.
- ㉤ 지역의 달라진 모습을 조사합니다.

① ㉠ → ㉡ → ㉢ → ㉣ → ㉤
② ㉡ → ㉢ → ㉠ → ㉤ → ㉣
③ ㉢ → ㉡ → ㉠ → ㉤ → ㉣
④ ㉣ → ㉢ → ㉤ → ㉡ → ㉠
⑤ ㉤ → ㉣ → ㉢ → ㉡ → ㉠

◀ 서술형

17 지역의 달라진 모습을 조사하기 위해 작성한 계획서의 조사 내용 항목에 들어갈 내용을 두 가지 쓰시오.

_____

_____

18 지역의 달라진 모습을 조사한 후 정리한 보고서에 들어갈 내용으로 알맞지 <u>않은</u> 것은 어느 것입니까? ( )

① 느낀 점
② 조사 방법
③ 조사 주제
④ 주의할 점
⑤ 알게 된 점

19 다음 보기 에서 지역의 달라진 모습을 살펴볼 수 있는 자료를 모두 골라 기호를 쓰시오.

보기
㉠ 달력
㉡ 사진
㉢ 증언
㉣ 생활 계획표

( )

⭐ 중요

20 오늘날 지역 사람들의 생활 모습으로 알맞은 것을 두 가지 고르시오. (,)

① 초가집에서 생활하는 사람들이 많다.
② 아파트에서 생활하는 사람들이 많다.
③ 논과 밭에서 농사짓는 사람들이 많다.
④ 도로에서 소를 끌고 다니는 사람들이 많다.
⑤ 넓은 도로에 자동차를 타고 다니는 사람들이 많다.

서술형 평가 1회

2. 일상에서 만나는 과거

정답과 해설 • 22쪽

1 다음 일기에서 시간을 표현하는 말을 모두 찾아 쓰시오.

> 2025년 5월 21일 수요일 날씨 맑음
> 오늘 도서관에서 과거의 교통수단에 관한 책을 읽었다. 옛날에는 말과 같은 동물을 타고 이동하였다고 한다. 오늘날보다는 이동할 때 불편한 점이 있었을 것 같다. 미래에는 어떤 교통수단이 등장할까? 먼 훗날의 교통수단이 어떤 모습일지 정말 궁금하다.

____

____

2 오른쪽은 어떤 방법으로 나에게 일어난 중요한 일을 조사하고 있는 모습인지 쓰시오.

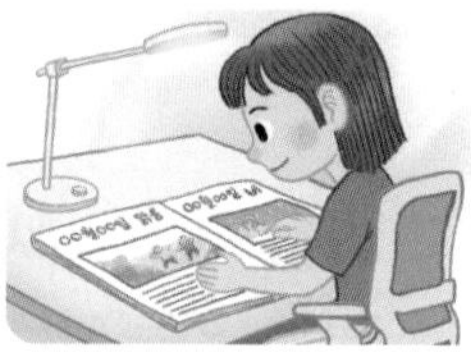

____

____

3 오른쪽 오래된 물건에서 알 수 있는 과거의 모습을 한 가지만 쓰시오.

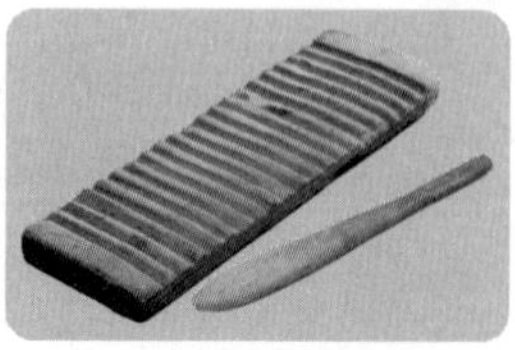

↑ 빨래판과 빨랫방망이

____

____

4 다음 그림을 보고 과거의 모습을 살펴볼 때 다양한 자료를 찾아보고 비교해야 하는 까닭을 쓰시오.

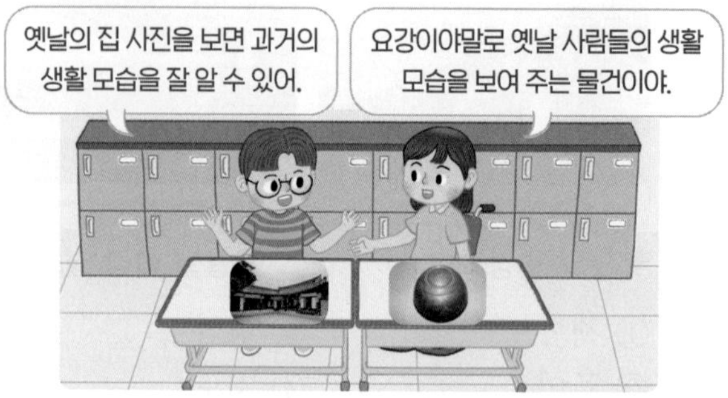

옛날의 집 사진을 보면 과거의 생활 모습을 잘 알 수 있어.
요강이야말로 옛날 사람들의 생활 모습을 보여 주는 물건이야.

____

____

5 다음은 지역의 달라진 모습을 소개하는 모습입니다. 물음에 답하시오.

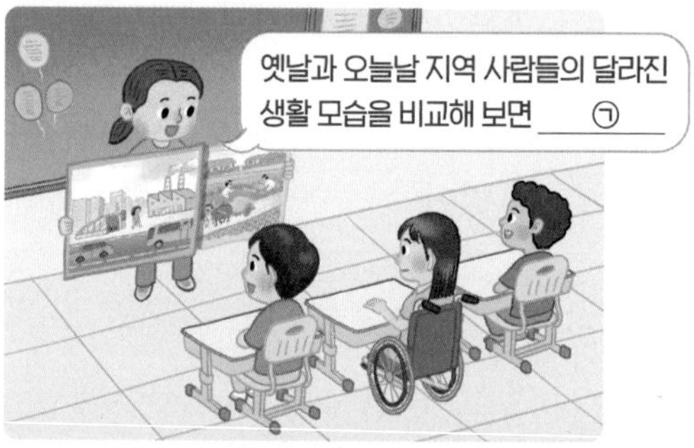

옛날과 오늘날 지역 사람들의 달라진 생활 모습을 비교해 보면 ㉠

(1) 위 지역의 달라진 모습을 소개하는 방법을 보기 에서 골라 쓰시오.

> **보기**
> • 그림 그리기
> • 사진전 열기
> • 노래 바꾸어 부르기

( )

(2) 위 자료의 ㉠에 들어갈 내용을 사람들이 하는 일과 관련하여 쓰시오.

____

____

서술형 평가 2회   2. 일상에서 만나는 과거

1 다음은 나의 성장 연표를 만드는 과정입니다. ㈎에 들어갈 알맞은 내용을 쓰시오.

> 나에게 일어난 중요한 일 떠올리기
>
> ↓
>
> 언제 일어난 일인지 사건의 순서 확인하기
>
> ↓
>
> ㈎
>
> ↓
>
> 연표의 제목을 붙이고 연표 완성하기

_____

_____

2 다음 자료를 보고 물음에 답하시오.

↑ 오래된 건축물

(1) 위와 같은 자료를 무엇이라고 하는지 쓰시오.

(   )

(2) 위 자료를 보고 알 수 있는 과거의 모습을 쓰시오.

_____

_____

3 다음은 어떤 방법으로 오래된 물건이나 자료를 찾고 있는 모습인지 쓰시오.

_____

_____

4 다음 서울특별시의 지도를 통해 알 수 있는 지역의 변화를 쓰시오.

_____

_____

5 다음은 지역의 달라진 모습을 조사하는 계획서입니다. ㉠에 들어갈 내용으로 알맞은 것을 두 가지 쓰시오.

조사 주제	우리 지역의 달라진 모습
조사 방법	㉠

_____

_____

수행 평가 1회

2. 일상에서 만나는 과거

평가 주제	연표의 특징과 좋은 점 알기
목표	연표를 통해 알 수 있는 점과 연표를 만들 때의 좋은 점을 설명할 수 있다.

[1~3] 다음은 나에게 일어난 일을 시간의 흐름에 따라 정리한 자료입니다. 물음에 답하시오.

1 위와 같이 옛날에 있었던 중요한 일들을 일어난 순서대로 나타낸 표를 무엇이라고 하는지 쓰시오.

(   )

2 위 자료를 통해 알 수 있는 점을 <u>두 가지</u> 쓰시오.

_____

_____

3 위와 같은 방법으로 나에게 일어난 중요한 일을 정리할 때의 좋은 점을 쓰시오.

_____

_____

수행 평가 2회

2. 일상에서 만나는 과거

평가 주제	지역의 달라진 모습에서 나타나는 특징 알기
목표	지역의 옛날 모습과 오늘날 모습을 비교하여 어떻게 달라졌는지 설명할 수 있다.

[1~3] 다음은 경기도 수원의 옛날 모습과 오늘날 모습입니다. 물음에 답하시오.

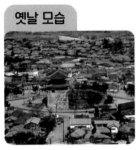
옛날 모습

오늘날 모습

옛날 모습

오늘날 모습

⬆ 수원 팔달문 주변에 낮은 건물들과 좁은 도로들이 있었습니다.

⬆ 높은 건물과 넓은 도로를 볼 수 있지만 수원 팔달문은 그대로입니다.

⬆ 논과 밭이 넓게 펼쳐져 있고 초가집이 많이 있었습니다.

⬆ 공장 단지가 넓게 들어섰고 아파트가 많아졌습니다.

1 위 지역의 달라진 모습을 보여 주는 자료를 다음 보기 에서 골라 기호를 쓰시오.

> **보기**
>
> ㉠ 책　　　　㉡ 증언　　　　㉢ 그림　　　　㉣ 사진

(　　　　　　　　)

2 위 자료를 보고 지역의 달라진 모습에서 알 수 있는 점을 각각 한 가지씩 쓰시오.

(1) 이어져 내려온 것	
(2) 사라진 것	
(3) 새롭게 생겨난 것	

3 위와 같은 자료를 보고 알 수 있는 지역의 달라진 모습에서 나타나는 특징을 쓰시오.

MEMO